O MELHOR DO KARATÊ — 1
Visão Abrangente

M. Nakayama

O MELHOR DO KARATÊ — 1
Visão Abrangente

Tradução
CARMEN FISCHER

Revisão Técnica
JOHANNES CARL FREIBERG NETO

Editora
Cultrix
SÃO PAULO

Título original: *Best Karate 1 – Comprehensive.*

Copyright © 1977 Kodansha International Ltd.

Copyright da edição brasileira © 1996 Editora Pensamento-Cultrix Ltda.

1ª edição 1996 – 12ª reimpressão 2022.

Publicado mediante acordo com Kodansha International Ltd.

Todos os direitos reservados. Nenhuma parte deste livro pode ser reproduzida ou usada de qualquer forma ou por qualquer meio, eletrônico ou mecânico, inclusive fotocópias, gravações ou sistema de armazenamento em banco de dados, sem permissão por escrito exceto nos casos de trechos curtos citados em resenhas críticas ou artigos de revistas.

A Editora Cultrix não se responsabiliza por eventuais mudanças ocorridas nos endereços convencionais ou eletrônicos citados neste livro.

Direitos de tradução para a língua portuguesa adquiridos com exclusividade pela
EDITORA PENSAMENTO-CULTRIX LTDA., que se reserva a
propriedade literária desta tradução.
Rua Dr. Mário Vicente, 368 – 04270-000 – São Paulo, SP – Fone: (11) 2066-9000
http://www.editoracultrix.com.br
E-mail: atendimento@editoracultrix.com.br
Foi feito o depósito legal.

Impresso por : Graphium gráfica e editora

SUMÁRIO

Introdução	9
Fundamentos	13
Armas Naturais: Uso das Mãos e Braços, Uso dos Pés e Pernas, Posições, Movimentos dos Pés, Exercícios Preparatórios	
Princípios	47
Treinamento	53
Técnicas Básicas: Técnicas de Mãos e Braços, Técnicas de Pés e Pernas	
Kata	93
Kumite	111
Karatê-dō	129
História, Competições, Makiwara, Pontos Vitais	
Glossário	142

Dedicado
a meu Mestre
GICHIN FUNAKOSHI

INTRODUÇÃO

A última década assistiu a uma crescente popularidade do karatê-dō em todo o mundo. Entre os que foram atraídos por ele encontram-se estudantes e professores universitários, artistas, homens de negócios e funcionários públicos. O karatê passou a ser praticado por policiais e por membros das Forças Armadas do Japão. Em muitas universidades, tornou-se disciplina obrigatória, e o número delas está aumentando a cada ano.

Com o aumento da sua popularidade, têm surgido certas interpretações e atuações desastrosas e lamentáveis. Primeiro, o karatê foi confundido com o chamado boxe de estilo chinês e sua relação com o *Te* de Okinawa, que lhe deu origem, não foi devidamente entendida. Há também pessoas que passaram a vê-lo como um mero espetáculo, no qual dois homens se atacam selvagemente, ou em que os competidores se golpeiam como se estivessem numa espécie de luta na qual são usados os pés, ou em que um homem se exibe quebrando tijolos ou outros objetos duros com a cabeça, as mãos ou os pés.

É lamentável que o karatê seja praticado apenas como uma técnica de luta. As técnicas básicas foram desenvolvidas e aperfeiçoadas através de longos anos de estudo e de prática; mas, para se fazer um uso eficaz dessas técnicas, é preciso reconhecer o aspecto espiritual dessa arte de defesa pessoal e dar-lhe a devida importância. É gratificante para mim constatar que existem aqueles que entendem isso, que sabem que o karatê-dō é uma genuína arte marcial do Oriente, e que treinam com a atitude apropriada.

Ser capaz de infligir danos devastadores no adversário com um soco ou com um único chute tem sido, de fato, o objetivo dessa antiga arte marcial de origem okinawana. Mas mesmo os praticantes de antigamente colocavam maior ênfase no aspecto espiritual da arte do que nas técnicas. Treinar significa treinar o corpo e o espírito e, acima de tudo, a pessoa deve tratar o adversário com cortesia e a devida etiqueta. Não basta lutar com toda a força pessoal; o verdadeiro objetivo do karatê-dō é lutar em nome da justiça.

Gichin Funakoshi, um grande mestre de karatê-dō, observou repetidas vezes que o propósito máximo da prática dessa arte é o cultivo de um espírito sublime, de um espírito de humildade. E, ao mesmo tempo, desenvolver uma força capaz de destruir um animal selvagem enfurecido com um único golpe. Só é possível tornar-se um verdadeiro adepto do karatê-dō quando se atinge a perfeição nesses dois aspectos: o espiritual e o físico.

O karatê como arte de defesa pessoal e como meio de melhorar e manter a saúde existe há muito tempo. Nos últimos vinte anos uma nova atividade ligada a essa arte marcial está sendo cultivada com êxito: o *karatê como esporte.*

No karatê como esporte são realizadas competições com o propósito de determinar a habilidade dos participantes. Isso precisa ser enfatizado, porque também aqui há motivos para se lastimar. Há uma tendência a dar demasiada ênfase em vencer as competições, negligenciando a prática de técnicas fundamentais, preferindo em vez disso praticar o jiyū kumite na primeira oportunidade.

A ênfase em vencer as competições não pode deixar de alterar as técnicas fundamentais que a pessoa usa e a prática na qual ela se envolve. E, como se isso não bastasse, o resultado será a pessoa tornar-se incapaz de executar uma técnica poderosa e eficaz, que é, afinal, a característica peculiar do karatê-dō. O homem que começar a praticar prematuramente o jiyū kumite — sem ter praticado suficientemente as técnicas fundamentais — logo será surpreendido por um oponente que treinou as técnicas básicas longa e diligentemente. É simplesmente uma questão de comprovar o que afirma o velho ditado: que a pressa é inimiga da perfeição. Não há outra maneira de aprender a não ser praticando as técnicas e movimentos básicos, passo a passo, estágio por estágio.

Se é para realizar competições de karatê, que sejam organizadas em condições apropriadas e no espírito adequado. O desejo de vencer uma disputa é contraproducente, uma vez que leva a uma falta de seriedade no aprendizado dos fundamentos. Além disso, ter como objetivo uma exibição selvagem de força e vigor numa disputa é algo totalmente indesejável. Quando isso acontece, a cortesia para com o adversário é esquecida e esta é de importância fundamental em qualquer modalidade do karatê. Acredito que essa questão merece muita reflexão e cuidado, tanto da parte dos instrutores como da parte dos estudantes.

Para explicar os muitos e complexos movimentos do corpo, é meu desejo oferecer um livro inteiramente ilustrado, com um texto atualizado, baseado na experiência que adquiri com essa arte ao longo de um período de quarenta e seis anos. Esse desejo está sendo realizado com a publicação desta série, *O Melhor do Karatê*, para a qual meus primeiros escritos foram totalmente revistos com a ajuda e o estímulo de meus leitores. Esta nova série explica em detalhes o que é o karatê-dō numa linguagem a mais simples possível, e espero sinceramente que seja de ajuda aos adeptos dessa arte. Espero também que os karatekas de muitos países sejam capazes de se entenderem melhor depois da leitura desta série de livros.

O QUE É O KARATÊ-DŌ

Decidir quem é o vencedor e quem é o vencido não é o seu objetivo principal. O karatê-dō é uma arte marcial para o desenvolvimento do caráter através do treinamento, para que o karateka possa superar quaisquer obstáculos, palpáveis ou não.

O karatê-dō é uma arte de defesa pessoal de mãos vazias, na qual braços e pernas são treinados sistematicamente e um inimigo, atacando de surpresa, pode ser controlado por uma demonstração de força igual à que faz uso de armas reais.

O karatê-dō é uma prática através da qual o karateka domina todos os movimentos do corpo, como flexões, saltos e o balanço, aprendendo a movimentar os membros e o corpo para trás e para a frente, para a esquerda e para a direita, para cima e para baixo, de um modo livre e uniforme.

As técnicas do karatê-dō são bem controladas de acordo com a força de vontade do karateka e são dirigidas para o alvo de maneira precisa e espontânea.

A essência das técnicas do karatê-dō é o *kime*. O propósito do *kime* é um ataque explosivo ao alvo usando a técnica apropriada e o máximo de força no menor tempo possível. (Antigamente, havia a expressão *ikken hissatsu*, que significa "matar com um golpe", mas concluir disso que matar seja o objetivo dessa técnica é tão perigoso quanto incorreto. É preciso lembrar que o karateka de antigamente podia praticar o *kime* diariamente e com uma seriedade mortal usando o makiwara.)

O *kime* pode ser realizado por golpes, socos ou chutes, mas também pelo bloqueio. Uma técnica sem *kime* jamais pode ser considerada um verdadeiro karatê, por maior que seja a semelhança. A disputa não é nenhuma exceção, embora seja contrário às regras estabelecer contato por causa do perigo envolvido.

Sun-dome significa interromper a técnica imediatamente antes de se estabelecer contato com o alvo (um *sun* equivale a cerca de três centímetros). Mas excluir o *kime* de uma técnica não é o verdadeiro karatê, de modo que o problema é como reconciliar a contradição entre *kime* e *sun-dome*. A resposta é a seguinte: determine o alvo levemente adiante do ponto vital do adversário. Ele então pode ser atingido de uma maneira controlada com o máximo de força, sem que haja contato.

O treino transforma as várias partes do corpo em armas a serem usadas de modo livre e eficaz. A qualidade necessária para se conseguir isso é o autocontrole. Para tornar-se um vencedor, a pessoa antes precisa vencer a si mesma.

Acima: Representantes da Federação Internacional de Karatê Amador na competição mundial de Los Angeles, Estados Unidos, em 1975.

Esquerda: O presidente honorário e o presidente do Instituto de Karatê-dō da Indonésia, 1974. (General Surono e Sr. Sabeth, respectivamente.)

Esquerda: Competidores de karatê-dō. Dinamarca, 1975.

1
FUNDAMENTOS

ARMAS NATURAIS

As armas do karatê-dō são as várias partes do corpo humano. Toda parte que possa ser eficaz na defesa ou ataque é usada. É nesse sentido que o karatê-dō é diferente das outras artes marciais.

O treinamento sistemático é a única maneira de desenvolver as armas que estarão preparadas para serem usadas a qualquer momento, em qualquer lugar e em qualquer situação. É muito importante que o treinamento de cada parte do corpo seja constante e metódico. Apenas o treinamento intensivo não basta para transformar as partes do corpo em poderosas armas.

USO DAS MÃOS E BRAÇOS

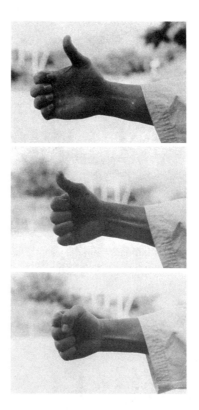

Punhos

Há duas maneiras de usar a mão: (1) a aberta; e (2) a fechada. Há seis tipos de punhos (*ken*) e onze tipos de mão aberta (*kaishō*).

Para fazer um punho, comece dobrando os dedos de maneira que as pontas cheguem apenas até a base dos dedos. Depois, continue a dobrar os dedos para dentro até as pontas ficarem pressionadas contra a palma. Pressione firmemente o polegar contra as segundas articulações dos dedos indicador e médio. O dedo mínimo pode ficar solto e relaxado, de maneira que é preciso ter cuidado para mantê-lo pressionado com força contra a palma.

Uma segunda maneira, não muito usada atualmente, é dobrar primeiro os dedos médio, anular e mínimo, depois pressionar o indicador obliquamente sobre o dedo médio. Isso caiu em desuso por causa da dificuldade de acostumar-se a fazer isso e da tendência do dedo mínimo de ficar relaxado.

Tipos de Punhos

Seiken   *Frente do Punho*

Os nós dos dedos indicador e médio são usados para golpear o alvo. O punho tem que ser mantido tenso e inflexível, o dorso da mão e o pulso formando uma linha reta. Ele é usado principalmente no empurrão (*tsuki*). Toda a força do braço tem que estar concentrada e afluir em linha reta até os nós dos dedos.

 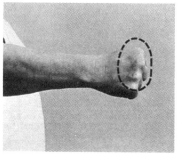

Uraken   *Dorso do Punho*

O dorso da mão e os nós dos dedos indicador e médio são usados principalmente para atacar (*uchi*). Fazendo uso da força móvel do cotovelo, os golpes são dados num movimento para o lado ou num movimento verticalmente ascendente. Os alvos são, principalmente, o rosto ou os flancos do adversário.

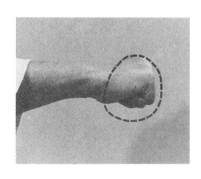 

Kentsui   **Punho-Martelo**

Os ataques ao corpo são efetuados com a base (do lado do dedo mínimo) do punho.

Outros nomes para este punho são: *shutsui* (mão-martelo) e *tettsui* (martelo de ferro).

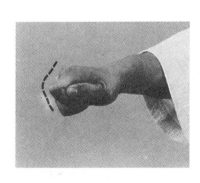 

Ippon-ken   **Punho com um Nó do Dedo**

Com os dedos médio, anular e mínimo o mesmo que no punho frontal, o nó médio do dedo indicador é estendido com o polegar pressionado contra ele. O cavalete do nariz, o ponto imediatamente abaixo do nariz e o espaço entre as costelas são os alvos usuais desse punho.

 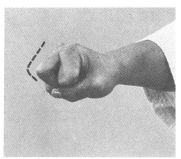

Nakadaka-ken   **Punho com o Nó do Dedo Médio**

Este se parece com o punho anterior, mas a articulação média do dedo médio é estendida e os dedos indicador e anular são pressionados com força contra o dedo médio. O polegar é pressionado contra os dedos indicador e médio. Os alvos principais são o cavalete do nariz, o ponto abaixo do nariz e o espaço entre as costelas.

Este punho também é chamado de *nakadaka-ippon-ken* (punho com um único nó do dedo médio).

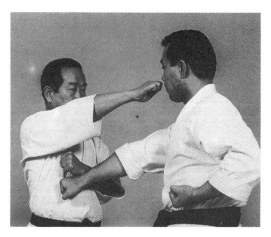 

Hiraken   **Punho Semicerrado com os Nós para a Frente**

Os dedos são dobrados até que suas pontas comecem a tocar na palma da mão e o polegar é mantido pressionado contra o dedo indicador. Os nós são usados para atacar entre as costelas ou o ponto imediatamente abaixo do nariz.

Tipos de Mãos Abertas

Os dedos estendidos da mão aberta (*kaishō*) têm que estar comprimidos entre si, e o dorso da mão e o pulso têm que formar uma linha reta. O polegar é dobrado e mantido comprimido contra a palma da mão. É importante que a base do polegar não seja dobrada com força.

Shutō — *Mão em Espada*

Com os dedos estendidos e comprimidos entre si, a borda externa da palma da mão é usada como uma espada, ou para impedir o ataque ou atacar. Entre os alvos estão as têmporas, a artéria carótida e as costelas.

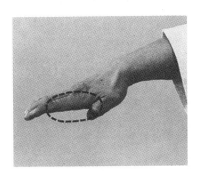

Haitō — *Dorso da Mão em Espada*

A forma da mão é a mesma da mão em espada, mas é usada a borda oposta, centrada sobre a articulação da base do dedo indicador. Ela é usada para os mesmos propósitos da mão em espada.

 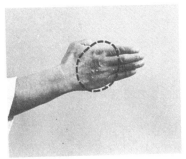

Haishu   *Dorso da Mão*

Toda a superfície do dorso da mão aberta pode ser usada para golpear, mas na maioria das vezes é usada para o bloqueio.

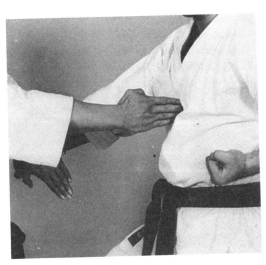 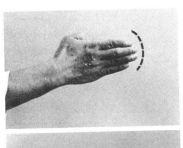 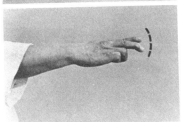

Nukite   *Mão Ponta de Lança*

Os dedos são retesados com as pontas levemente inclinadas. Num movimento ou voltado para o lado ou para cima, pode-se atacar as costelas, a lateral do corpo, o plexo solar ou o ponto abaixo do nariz. Apenas dois dedos também podem formar uma mão ponta de lança, com os dedos médio e indicador, ou o indicador e o polegar. Nesse caso, ela é chamada de mão em espada de dois dedos (*nihon nukite*).

Usos Especiais da Mão Aberta

Teishō — *Base da Palma da Mão*

Esta é formada pela mão aberta dobrando-se inteiramente o pulso para trás. Ela é eficaz para girar o braço atacante do oponente para um lado ou para baixo. Em ataques, ela é muito eficaz para golpear o queixo.

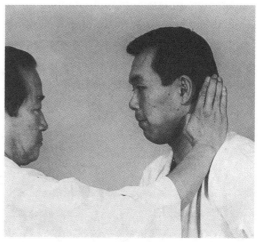

Seiryūtō — *Golpe com a Base da Mão em Espada*

Dobrando-se a mão de lado, a borda da palma e o pulso formam uma curva. Então, a borda da palma do lado do dedo mínimo pode ser eficaz para bloquear a arremetida para a frente do oponente ou para atacá-lo no rosto ou na clavícula.

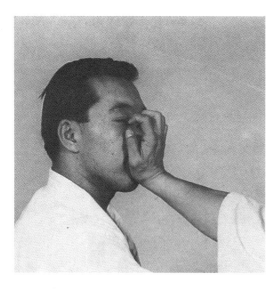

Kumade *Mão-de-Urso*

Os dedos são dobrados de maneira que as pontas mal toquem a palma da mão. O polegar também é dobrado. Toda a superfície da palma da mão é dirigida num ataque potente contra o rosto do oponente.

Washide *Mão Bico-de-Águia*

As pontas dos dedos e do polegar são juntadas de maneira a parecer o bico de um pássaro. São usados para atacar a garganta ou outros pontos vitais.

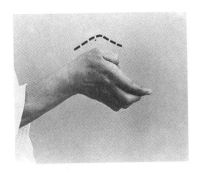
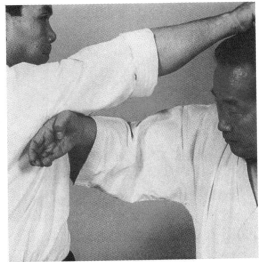

Keitō   **Base do Dedo Polegar**

A mão é dobrada para fora, com o polegar dobrado na articulação e os dedos flexionados. A superfície atacante é o polegar, desde a base até o nó. Ela pode ser usada eficientemente contra o braço atacante do oponente ou sua axila.

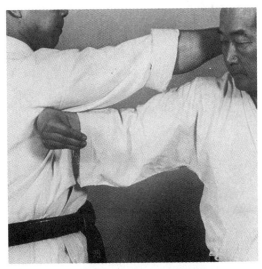

Kakutō   **Dorso do Pulso Dobrado**

Dobrando-se a mão para dentro ao máximo de sua extensão, o pulso pode tornar-se uma arma poderosa. Ela pode ser usada contra o braço golpeante do oponente ou para atacar-lhe a axila.

 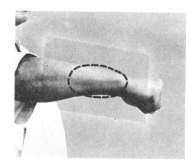

Ude   Braço

Bloquear é a função mais importante do antebraço. Todas as quatro superfícies são usadas: o lado interno (*naiwan*), o lado externo (*gaiwan*), o lado superior (*haiwan*) e o lado inferior (*shuwan*).

Sempre que se faz uma referência ao antebraço, usa-se a palavra *wantō* (braço em espada) e *shubō* (braço-bastão).

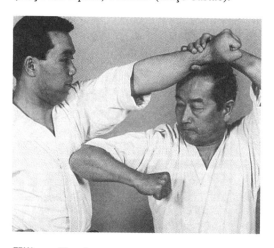 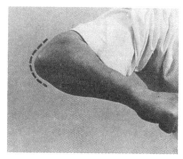

Hiji ou Empi   Cotovelo

Pode-se dar golpes poderosos com o cotovelo no rosto, no peito, nos flancos, etc. Os tipos básicos de ataque são o golpe com o cotovelo para a frente (*mae empi-uchi*), com o cotovelo para cima (*tate empi-uchi*), com o cotovelo para trás (*ushiro empi-uchi*), o golpe circular com o cotovelo (*mawashi empi-uchi*) e o golpe com o cotovelo para baixo (*otoshi empi-uchi*).

O USO DOS PÉS E PERNAS

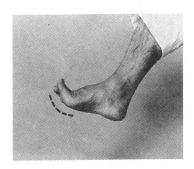
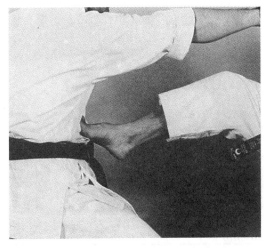

Koshi   **Frente da Planta do Pé**

Os dedos (dos pés) são virados para cima até o máximo possível, mantendo a tensão nos dedos e no tornozelo. Os chutes são dirigidos para a mandíbula, o peito, o estômago, a virilha, etc.

Outro nome dessa arma é *jōsokutei* (sola levantada).

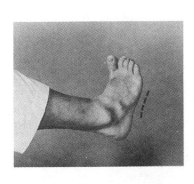
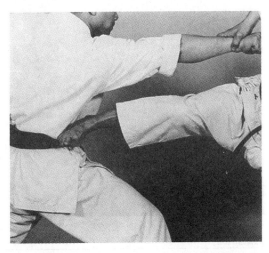

Sokutō   **Pé em Espada**

Com os dedos dos pés virados para cima e o tornozelo totalmente inclinado, a borda externa do pé é usada para o chute lateral.

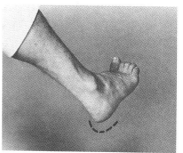

Kakato   *Calcanhar*

O calcanhar é usado para dar chutes para trás. É também chamado de *enshō* (calcanhar que se move em semicírculo).

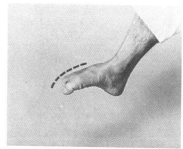

Haisoku   *Dorso do Pé*

Com o tornozelo estendido, o pé e os dedos são totalmente dobrados para baixo. O dorso do pé é particularmente eficaz em chutes na virilha.

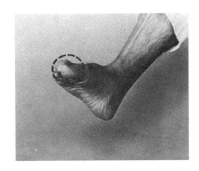
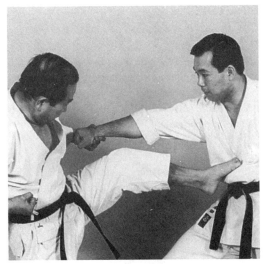

Tsumasaki   ***Pontas dos Dedos dos Pés***

Os dedos são mantidos apertados uns contra os outros, e os chutes são dados com as pontas deles. Esta técnica é usada principalmente contra a parte intermediária do corpo.

Hizagashira   ***Joelhos***

Como o cotovelo, o joelho é mais eficaz quando o adversário está bem próximo. Entre os alvos, incluem-se a virilha, os flancos e a coxa.

Como arma, é também conhecida como *shittsui* (joelho-martelo).

POSTURAS

Para o aperfeiçoamento pessoal de técnica de karatê é fundamental a aquisição de uma postura correta e equilibrada.

A *postura*, como termo, refere-se sempre à parte inferior do corpo. Para que as técnicas sejam executadas com rapidez, com precisão, força e suavidade, a postura tem que ser firme e estável.

Em todas as ocasiões, a parte superior do corpo tem que ser mantida perpendicular ao chão e nivelada com os quadris. As articulações não devem estar tensas demais; não se deve usar mais força do que a necessária na execução de uma técnica e é desejável que a postura seja descontraída.

Shizen-tai — *Postura Natural*

Na postura natural, o corpo está relaxado mas em estado de alerta, pronto para enfrentar qualquer situação. Os joelhos devem estar descontraídos e flexíveis durante todo o tempo para que a pessoa possa passar imediatamente para qualquer posição de defesa ou ataque.

A posição dos pés varia nas muitas formas da postura natural, mas o princípio de descontração alerta permanece o mesmo.

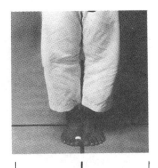
Heisoku-dachi Postura informal de atenção: pés unidos

Musubi-dachi Postura informal de atenção: dedos para fora

Hachinoji-dachi Postura natural de espera: pernas afastadas

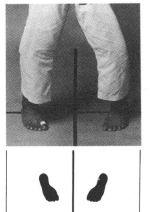
Uchi-hachinoji-dachi Postura natural; pés afastados e voltados para dentro

Heikō-dachi Postura de pés paralelos

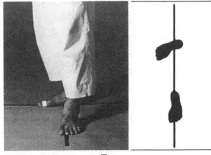
Teiji-dachi Postura em T

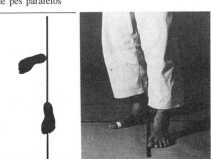
Renoji-dachi Postura em L

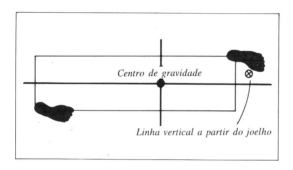

Zenkutsu-dachi — *Postura para a Frente Avançada*

A perna de trás é estendida, a da frente é inclinada para que o joelho fique diretamente acima do pé, e os quadris são abaixados. As costas têm que ser mantidas eretas, perpendicularmente ao chão. O rosto voltado diretamente para a frente. A distribuição do peso entre os pés da frente e de trás é feita de acordo com a proporção 6 por 4.

Na variante *hanmi* (semivoltada para a frente) dessa postura, o torso fica a um ângulo de 45° para a frente, com a cabeça voltada para a frente.

Esta é uma posição apropriada para atacar eficientemente alvos situados à frente.

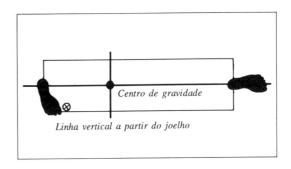

Kokutsu-dachi   *Postura para Trás ou Recuada*

Os pés são afastados com o joelho do pé de trás inclinado e a perna dianteira levemente estendida para a frente. Os quadris são abaixados e as costas mantidas eretas numa posição semifrontal. A distribuição do peso entre os pés dianteiro e traseiro é de acordo com a proporção 3 por 7.

Esta postura é particularmente eficaz para impedir os ataques de frente.

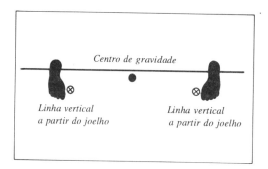

Kiba-dachi — *Postura do Cavaleiro*

Enquanto o lado dos pés estão voltados para fora, os calcanhares têm de ser mantidos em linha reta e o peso distribuído equitativamente entre os dois pés. Os quadris são abaixados verticalmente, as costas devem ficar eretas e perpendiculares ao chão e o corpo voltado diretamente para a frente.

A posição de pernas abertas é básica para a aquisição de uma postura estável e no treinamento das pernas e dos quadris. Ela é indicada para o ataque de alvos tanto do lado esquerdo quanto do lado direito.

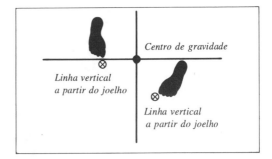

Centro de gravidade
Linha vertical a partir do joelho
Linha vertical a partir do joelho

Sanchin-dachi — *Postura da Pequena Meia-lua*

Os pés são abertos para os lados, com o pé dianteiro levemente voltado para a frente. Ambos os joelhos são dobrados e virados para dentro. O baixo ventre é tencionado e a parte superior do corpo fica ereta e perpendicular ao chão. Se os pés estiverem muito próximos ou os joelhos muito curvados para dentro, a estabilidade será reduzida e a flexibilidade, prejudicada.

Esta é uma posição ideal para a execução de técnicas tanto de frente quanto de costas, da esquerda ou da direita, especialmente de técnicas defensivas.

 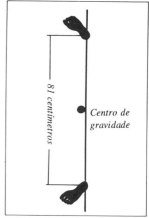

Shiko-dachi   *Postura de Sumō*

Esta postura é igual à de pernas abertas, com a diferença de que os pés estão voltados para fora em ângulos de 45° e os quadris estão abaixados.

Como a posição de pernas abertas, do cavaleiro, ela favorece o treinamento das pernas e quadris e é a posição indicada para a execução de técnicas ofensivas para os lados.

 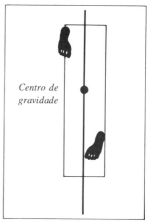

Hangetsu-dachi   *Postura da Meia-Lua*

Esta postura se parece com a postura frontal quanto à colocação dos pés, e com a da pequena meia-lua quanto à colocação dos joelhos para dentro e outros aspectos. Pode ser considerada como um meio caminho entre as duas.

Ela é eficaz tanto para a defesa quanto para o ataque, mas tende a ser mais usada para a defesa.

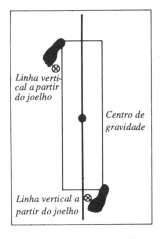 

Fudō-dachi — **Postura Imóvel**

Os joelhos são totalmente dobrados, como na posição de pernas abertas, mas a posição dos pés é diferente.

É uma posição a partir da qual se pode impedir um ataque e passar imediatamente para a ofensiva.

Também é conhecida como *sōchin-dachi*.

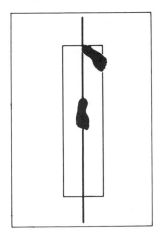 

Neko-ashi-dachi — **Postura do Gato**

Com o joelho dianteiro virado levemente para dentro e o calcanhar levantado, a maior parte do peso do corpo é suportado pela perna traseira, cujo joelho também é dobrado. O pé traseiro fica apontado diagonalmente para a frente.

A partir dessa posição, pode-se fugir rapidamente do alcance de um ataque e passar imediatamente para o contra-ataque.

Treinamento nas Posturas

Shizen-tai hachinoji-dachi
Postura natural — pernas abertas

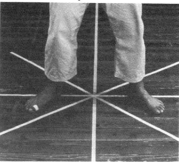

Migi kiba-dachi
Postura do cavaleiro — perna direita aberta

Hidari kiba-dachi
Postura do cavaleiro — perna esquerda aberta

Migi zenkutsu-dachi Postura avançada direita
Hidari zenkutsu-dachi Postura avançada esquerda

Migi fudō-dachi Postura imóvel à direita
Hidari fudō-dachi Postura imóvel à esquerda

Postura imóvel para trás

Postura imóvel para trás

Postura da direita recuada diagonalmente para trás

Postura da esquerda recuada diagonalmente para trás

Postura recuada da direita para trás

Postura recuada da esquerda para trás

Shizen-tai. Postura natural

MOVIMENTOS DOS PÉS   *Avançando e Recuando*

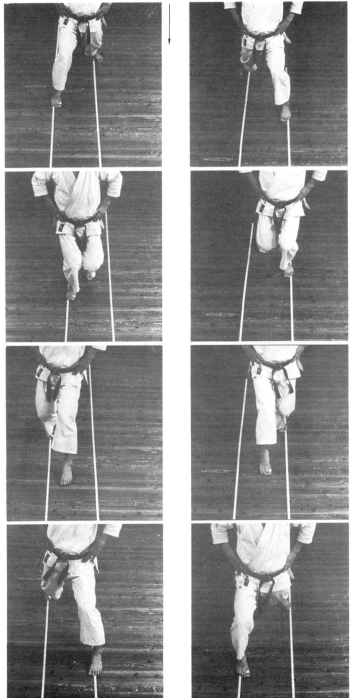

38

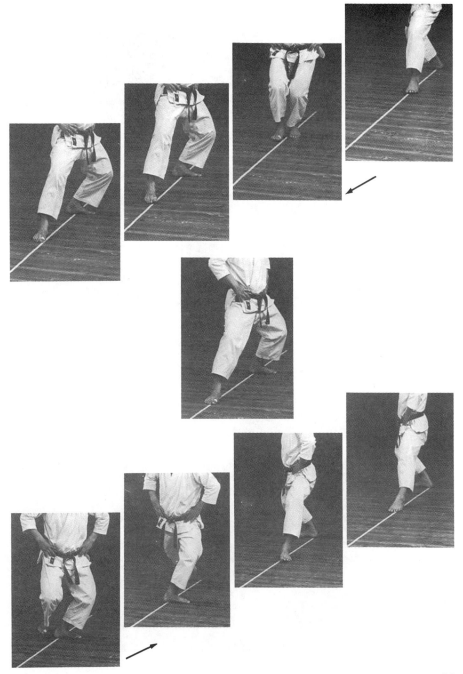

EXERCÍCIOS PREPARATÓRIOS

Sozinho

Com um parceiro

Usando equipamento

44

Salvador, Brasil, 1975.

Dojō da Associação de Karatê da Costa Leste, Estados Unidos.

2
PRINCÍPIOS

PRINCÍPIOS DAS TÉCNICAS DO KARATÊ

As técnicas básicas de bloqueio, soco, golpe e chute são tanto o princípio quanto o propósito principal do karatê-dō. Embora apenas alguns meses possam ser suficientes para aprendê-las, o domínio completo pode não ser avançado mesmo depois de toda uma vida de treino. O estudante tem que praticar regularmente, com o máximo de concentração e esforço na execução de cada movimento.

Isso, porém, não bastará se as técnicas não forem cientificamente perfeitas e o treinamento não for sistemático e regular. Para ser eficaz, o treinamento tem de ser feito com base em princípios físicos e fisiológicos corretos.

Pode ser surpresa para muitos saber que as técnicas criadas e aperfeiçoadas através da prática constante e prolongada dos primeiros karatekas, segundo se constatou, estão em concordância com os princípios científicos modernos. E quanto mais elas são estudadas, mas isso prova ser verdadeiro. Isso não quer dizer que não restam problemas a resolver, mas estes precisam aguardar novos estudos. Um novo aperfeiçoamento do karatê-dō é muito provável, à medida que as técnicas são analisadas num esforço incessante para aprimorá-las através de uma abordagem científica.

Para beneficiar-se do seu treinamento, o estudante precisa conhecer bem os seguintes pontos básicos.

Forma

A forma correta está sempre estreitamente relacionada com os princípios físicos e fisiológicos.

No beisebol, o *home run hitter** tem sempre excelente forma. E a beleza da forma do mestre de esgrima aproxima-se da perfeição. Esses são, obviamente, resultados de uma longa prática e treino com uma base perfeita.

Os pré-requisitos da forma correta são o bom equilíbrio, um alto grau de estabilidade e a ordem dos movimentos de cada parte do corpo, uma vez que os movimentos são executados em sucessão rápida num curto período de tempo.

Isso vale especialmente para o karatê, porque dar socos e chutes é vital para a arte. A necessidade de um bom equilíbrio pode ser percebida particularmente no chute, quando o corpo normalmente é suportado por uma perna. Para resistir ao grande impacto de um soco, é necessária a estabilidade de todas as articulações dos braços e das mãos.

Com situações e técnicas diferentes, o centro de gravidade altera-se, passando para a esquerda, para a direita, para a frente e para trás. Isso não pode ser feito sem que os nervos e músculos estejam bem treinados. Também, manter-se sobre um pé por tempo demasiadamente longo torna a pessoa vulnerável ao ataque, de maneira que o equilíbrio tem de ser constantemente alterado de um pé para outro. O karateka tem que tanto evitar dar uma abertura como estar preparado para o próximo ataque.

* *Home run*: golpe que permite ao batedor (*hitter*) completar o circuito das bases, marcando um ponto.

Força e Velocidade

A potência é acumulada com a velocidade. Somente a força muscular não permitirá que a pessoa se sobressaia nas artes marciais ou em qualquer esporte correlato. O poder do *kime* (finalização) de uma técnica básica de karatê resulta da concentração máxima de força no momento do impacto, e isso, por sua vez, depende em grande parte da velocidade do soco ou chute. O golpe de um karateka altamente treinado pode chegar a uma velocidade de treze metros por segundo e gerar uma força equivalente a setecentos quilos.

Embora a velocidade seja importante, ela não consegue ser eficaz se não houver o controle. A velocidade e a força são intensificadas pelo uso da união de forças e reação. Para esse propósito, é necessário a compreensão da dinâmica do movimento e de sua aplicação.

Concentração e Descontração da Força

A potência máxima é a concentração da força de todas as partes do corpo no alvo, não apenas a força de braços e pernas.

Igualmente importante é a eliminação das forças desnecessárias ao se executar uma técnica, o que resultará na aplicação de uma maior potência onde ela for necessária. Basicamente, a potência deve começar do zero e culminar em cem no impacto, retornando imediatamente a zero. Relaxar a força desnecessária não significa relaxar a vigilância. A pessoa deve estar sempre alerta e preparada para o próximo movimento.

Fortalecimento da Resistência Muscular

O conhecimento da teoria e dos princípios sem o desenvolvimento de músculos fortes, elásticos e bem treinados para executar as técnicas é inútil. O fortalecimento dos músculos requer treinamento constante.

Também é desejável o conhecimento de quais músculos são usados em quais técnicas. Como os músculos são usados especificamente, pode-se esperar uma maior eficácia deles. Contrariamente, quanto menos os músculos forem usados desnecessariamente, menor é a perda de energia. Com os músculos operando perfeita e harmoniosamente, eles produzirão técnicas potentes e eficazes.

Ritmo e Regulagem do Tempo

Em qualquer esporte, o desempenho de um grande atleta é extremamente rítmico. O mesmo vale para o karatê.

O ritmo das várias técnicas não pode ser expressado musicalmente, mas nem por isso deixa de ser importante. Os três principais fatores são o uso adequado da força, a rapidez ou lentidão na execução das técnicas e o estiramento e contração dos músculos.

O desempenho de um karateka mestre não é apenas eficiente, mas também extremamente rítmico e bonito. A aquisição de um senso de ritmo e regulagem do tempo é uma excelente forma de aperfeiçoar-se na arte.

Quadris

Os quadris estão localizados aproximadamente no centro do corpo humano, e o movimento deles exerce um papel crucial na execução dos vários tipos de técnicas do karatê. A força explosiva do golpe final é criada pelo baixo-ventre, particularmente pelo giro dos quadris, que intensifica a força da parte superior do corpo.

Além de ser uma fonte de potência, os quadris constituem a base de um espírito estável, de uma forma correta e da manutenção de um bom equilíbrio. No karatê, aconselha-se freqüentemente a "golpear com os quadris", a "chutar com os quadris" e a "bloquear com os quadris".

Respiração

A respiração é feita em coordenação com a execução de uma técnica, ou seja: inalar quando bloqueia, exalar quando é executada uma técnica decisiva, e inalar e exalar quando são executadas técnicas sucessivas.

A respiração não deve ser uniforme; ela deve alterar-se de acordo com as situações.

Ao inalar, encha os pulmões de ar; mas, ao exalar, não solte todo o ar. Deixe cerca de vinte por cento dele nos pulmões. A exalação total deixa o corpo débil. A pessoa não será capaz nem de bloquear um golpe fraco nem estará preparada para o movimento seguinte.

3
TREINAMENTO

TÉCNICAS BÁSICAS

Técnicas para Mãos e Braços

Uke   *Bloqueio*

O karatê distingue-se do boxe e de outras artes de luta em suas técnicas defensivas. Há muitas técnicas para o bloqueio de chutes, e essas fazem uso das pernas e dos pés, bem como das mãos e braços. O karatê é único nesse sentido.

Todos os bloqueios têm de ser executados bem no início do ataque adversário. Por isso, é absolutamente necessário que se antecipe o ataque. Os vários propósitos do bloqueio devem ser lembrados.

1. *Desestimular o prosseguimento do ataque.* O uso de uma grande força pode dissuadir o oponente a continuar atacando e, dessa maneira, o próprio bloqueio transforma-se em ataque.

2. *Aparar.* O ataque de um braço ou perna pode ser bloqueado levemente, só com a força necessária para desviá-lo.

3. *Bloquear* e *atacar.* É possível bloquear e contra-atacar ao mesmo tempo.

4. *Desequilibrar o adversário.*

5. *Recuar.* Depois de bloquear, a pessoa pode assumir uma posição segura até ter uma oportunidade de contra-atacar.

O domínio dos seguintes aspectos é essencial para a execução efetiva das técnicas de bloqueio.

1. *Direcionamento da força.* É impossível bloquear sem antes ter avaliado precisamente o percurso do ataque. Desvie o golpe ou o chute pelo bloqueio: de baixo para cima, se o ataque for à cabeça ou parte superior do torso. De dentro para fora, ou de fora para dentro, se o ataque for ao tórax. Para baixo e girando para fora, se o ataque for ao abdômen.

2. *Giro do antebraço e regulagem do tempo.* Simplesmente golpear o braço atacante é relativamente pouco. Girar o antebraço do braço atacante intensifica o bloqueio, mas a boa regulação do tempo é fundamental.

3. *Giro dos quadris.* Girar os quadris faz tanto parte do bloqueio como do golpe. Bloqueie e conclua com os quadris, afastando o outro braço ao mesmo tempo que faz o bloqueio.

4. *Posição do cotovelo.* Um bloqueio eficaz depende da concentração de toda a força do corpo no antebraço no momento do contato. Quando o cotovelo toca o corpo, a força é maior, mas ela tende a reduzir o alcance do bloqueio. Dependendo da situação, o cotovelo não deve estar nem muito próximo nem muito longe da lateral do corpo — em princípio, a uma distância aproximadamente igual à extensão do punho.

5. *Efeitos do bloqueio excessivo.* Bloquear excessivamente resulta em perda do equilíbrio, perda de tensão nos músculos laterais, redução do controle do corpo e dificuldade para executar técnicas de manutenção. É necessário que se aprenda a posição apropriada para cada técnica de bloqueio.

6. *Bloqueio contra o ataque.* Além da opção de impedir novos ataques pelo bloqueio com grande força, há várias técnicas de bloqueio em que por si mesmas tornam-se golpes finais.

Egito, 1975.

Gedan Barai   *Bloqueio de Cima para Baixo*

Este é tanto um bloqueio básico como uma das posições preparatórias no treinamento básico.

Contra um golpe ou chute no abdômen ou virilha, use o punho para bloquear de cima para baixo e para o lado.

1. Use o cotovelo como eixo, estire o braço ao bloquear num grande movimento para baixo e leve o punho até cerca de quinze centímetros acima do joelho da perna dianteira ao finalizar.

2. Ambos os antebraços giram e os dois braços devem quase tocar-se ao passar um pelo outro.

3. Contra um potente chute de baixo para cima, bloqueie com força.

Jōdan Age-uke   **Bloqueio Superior Contra o Ataque à Cabeça**

Este é um bloqueio básico usado contra ataques dirigidos para cima do plexo solar. Bloqueie de baixo para cima, com força, com o lado externo do antebraço.

1. Os braços são cruzados à altura do queixo, com o braço que bloqueia do lado de fora e o braço que recua do lado de dentro. Movimente os braços com força e decisão, mantendo o cotovelo do braço bloqueante num ângulo de 90°

2. Complete o bloqueio com o antebraço a cerca de dez centímetros na frente da testa, o pulso acima do cotovelo e a palma da mão para fora. Mantenha o cotovelo próximo do corpo.

3. O punho é contraído no momento do bloqueio, no qual os músculos abdominais devem estar extremamente tensos. Num fluxo de força ondulatório, essa tensão deve ser levada até os músculos em volta da axila e dali para o braço bloqueante.

Chūdan Ude Uke   **Bloqueio com o Antebraço Contra o Ataque**
Soto-uke   **ao Meio do Corpo de Fora para Dentro**

Este bloqueio é usado contra um golpe dirigido para o peito ou face. Desvie o braço do adversário para o lado, bloqueando com a borda externa do punho.

1. Ao concluir, cuide para que o cotovelo do braço que bloqueia esteja curvado a um ângulo aproximadamente de 90° e o antebraço esteja perpendicular ao chão. O antebraço e o lado do corpo devem estar irregularmente alinhados, para evitar o bloqueio excessivo.

2. Com o punho diante do queixo, o cotovelo deve estar cerca de dez centímetros diante do corpo e os músculos em volta da axila, tensos.

3. Leve o outro braço de volta para o lado do corpo e forme um punho cerrado. Gire os quadris na direção do bloqueio, utilizando a força para golpear o braço do oponente com grande força.

Chūdan Ude Uke   *Bloqueio com o Antebraço Contra o Ataque*
<u>*Uchi-uke*</u>   *ao Meio do Corpo de Dentro para Fora*

Um golpe dirigido contra o peito ou contra o rosto pode ser bloqueado com a borda interna do punho.

1. O trajeto do braço que bloqueia fica do lado de fora do braço que recua.
2. Os outros pontos mencionados com respeito ao bloqueio com o antebraço, de fora para dentro, também são aplicáveis aqui.

Shuto Uke — *Bloqueio com a Mão em Espada*

Esta é uma técnica básica de defesa contra um ataque dirigido ao abdômen, ao peito ou ao rosto. A borda da mão é brandida num movimento inclinado, como se a intenção fosse cortar o braço do adversário.

1. A outra mão, em vez de ser levada para o lado, é colocada diante do plexo solar com a palma virada para cima. Isso pode ser feito imediatamente após o bloqueio como um contra-ataque de mão ponta de lança à parte intermediária do corpo do oponente.

2. De um ponto atrás da orelha, a mão que bloqueia é levada para a frente e diagonalmente para baixo. A mão passa então por sobre o antebraço da outra mão; a mão que recua passa por baixo do cotovelo da mão que bloqueia.

3. Na conclusão da técnica, o cotovelo do braço que bloqueia deve formar um ângulo reto e os músculos em volta da axila devem estar tensos. Tome cuidado para o braço não se afastar demais, isto é, não além do lado do corpo.

4. Não recuar ou não recuar diretamente torna o bloqueio ineficaz. Portanto, retroceda diagonalmente.

Tate Shutō-uke *Bloqueio Vertical com a Mão em Espada*

Enquanto movimenta o antebraço de dentro para fora, dobre o pulso, apontando os dedos diretamente para cima com a palma da mão para a frente. Esta técnica é eficaz contra socos no peito ou no plexo solar.

Esta técnica pode ser executada com eficácia dando-se um passo para o lado ou deslizando um pé para a frente e aproximando-se do adversário.

Kake Shutō-uke *Bloqueio Em Gancho com a Mão em Espada*

Com o pulso levemente dobrado, o antebraço é girado completamente de dentro para fora para bloquear, enganchando o pulso do adversário. Muitas vezes, é possível prender-lhe o pulso depois do bloqueio. Como com o bloqueio da mão em espada vertical, esta técnica pode ser eficaz contra um ataque de lado, bem como contra um ataque de frente.

Haishu-uke Bloqueio com o dorso da mão

Haiwan nagashi-uke
Bloqueio girando o dorso do braço

Te nagashi-uke
Bloqueio desviando com a mão

Te osae-uke
Bloqueio pressionando a mão

Tekubi kake-uke
Bloqueio enganchando o dorso do punho

Maeude hineri-uke
Bloqueio girando o antebraço

Maeude deai-osae-uke
Bloqueio pressionando o antebraço

Haishu uke *Bloqueio com o Dorso da Mão*

Usando a força móvel do cotovelo, bloqueie com o dorso da mão. Mantenha a mão e o pulso alinhados e concentre a força na superfície dorsal da mão. Esta técnica é para impedir um golpe no peito ou no plexo solar, golpeando a parte superior do braço, o cotovelo ou o antebraço do oponente.

Outras técnicas de bloqueio são: bloqueio empurrando para baixo com o braço (*otoshi-uke*), bloqueio girando o dorso do braço (*haiwan nagashi-uke*), bloqueio desviando com a mão (*te nagashi-uke*), bloqueio pressionando a mão (*te osae-uke*), bloqueio enganchando o dorso do punho (*tekubi kake-uke*), bloqueio girando o antebraço (*maeude hineri-uke*) e bloqueio pressionando o antebraço (*maeude deai-osae-uke*).

Bloqueios Especiais com a Mão

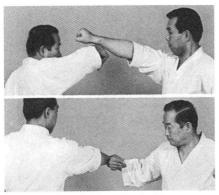

Kakutō uke Bloqueio com o dorso do pulso dobrado

Keitō uke Bloqueio com a base do dedo polegar

Seiryūtō uke Bloqueio com a base da mão em espada

Teishō uke Bloqueio com a base da palma da mão

Kakutō uke — Bloqueio com o Dorso do Pulso Dobrado

Um antebraço pode ser fortemente bloqueado com essa técnica, ou golpeando para cima ou desviando-o para o lado.

Keitō uke — Bloqueio com a Base do Dedo Polegar

Esta técnica é usada para bloquear o antebraço do adversário de baixo para cima.

Seiryūtō uke — Bloqueio com a Base da Mão em Espada

Com esta técnica, um antebraço ou perna é bloqueado com um giro para baixo.

Teishō uke — Bloqueio com a Base da Palma da Mão

Uma perna ou um antebraço pode ser desviado para cima, para baixo ou de um lado para o outro.

Bloqueios com as Duas Mãos

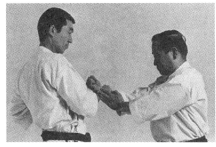

Morote uke
Bloqueio com os dois braços, um apoiando o outro

Sokumen awase-uke Bloqueio combinado de lado

Ryōshō tsukami-uke
Bloqueio agarrando com as duas mãos

Juji uke
Bloqueio em ×

Kakiwake-uke Bloqueio duplo com efeito separador

Bloqueios Contra Chutes

Gedan kake-uke
Bloqueio por baixo em gancho

Shō sukui-uke
Bloqueio com a palma em forma de concha

Teishō awase-uke
Bloqueio duplo com a base da palma das mãos

Sokutei mawashi-uke
Bloqueio circular com a sola do pé

Sokutō osae-uke
Bloqueio pressionando com o pé em espada

Sokutei osae-uke
Bloqueio pressionando a sola

Sokubō kake-uke
Bloqueio enganchando o pé

Ashikubi kake-uke
Bloqueio enganchando o tornozelo

Atacando

O ataque com as mãos ou os cotovelos é de dois tipos: golpe com ação direta (*tsuki*) e golpe com ação indireta (uchi).

Tsuki   Soco

Mais comumente, este termo refere-se ao soco direto (*choku-zuki*), apesar de haver outros tipos.

Quando o adversário está diretamente à sua frente, o braço é estendido e atinge-se o alvo com os nós dos dedos do punho frontal. O antebraço é girado para dentro durante a execução do soco.

Dependendo do alvo — rosto, plexo solar ou abdômen — essas técnicas são conhecidas como: soco direto superior (*jōdan choku-zuki*), soco direto intermediário (*chūdan choku-zuki*) ou soco direto inferior (*gedan choku-zuki*).

Em qualquer caso, para que o soco seja eficaz, tem-se que aprender os seguintes fatores básicos e colocá-los em prática.

1. *Direção correta*. A menor distância é a rota em linha reta, e essa é a maneira certa de dar um soco. Ao mesmo tempo que o cotovelo roça levemente a lateral do corpo, o antebraço deve ser girado para dentro.

2. *Velocidade*. Sem grande velocidade, não se pode esperar que o soco tenha grande efeito. Para maximizar a velocidade e a força, recue o outro braço o mais rapidamente possível, fazendo assim uso do equilíbrio de forças.

3. *Concentração de força*. Um bom soco depende de começar com uma postura flexível e de manter a força desnecessária fora da mão e do braço. Soque calmamente, mas com rapidez, concentrando toda a força do corpo no momento do impacto. A concentração da força é uma técnica que tem de ser dominada. Pratique, levantando os braços diante do corpo, mantendo os pulsos nivelados com o plexo solar, contraindo e descontraindo repetidamente todos os músculos do corpo.

Direção correta do soco direto

67

Métodos do Soco Direto

Gyaku-zuki — Soco Inverso

A perna e o punho colocados à frente são de lados opostos. Quando a perna esquerda está na frente, soque com o punho direito. Essa técnica serve principalmente para contra-atacar depois de um bloqueio, mas só é eficaz quando o giro dos quadris é completo. A altura dos quadris, que devem ser mantidos nivelados, é o mais importante. O esticamento da perna traseira e a mudança da posição da pélvis e do centro de gravidade um pouco para a frente tornam o soco mais potente.

Para ser eficiente, esta prática requer o giro dos quadris e que a parte superior do corpo dirija o movimento do braço.

Oi-zuki — Soco de Estocada em Perseguição

Ou da posição natural ou da posição frontal, passe para uma posição frontal deslizando um pé para a frente, socando ao mesmo tempo com o punho dianteiro do braço situado no lado do pé que está à frente. Utilize ao máximo a reação de estender a perna que dá sustentação e do giro dos quadris para a frente. O pé deve deslizar suave e rapidamente sem levantar o calcanhar.

Nagashi-zuki — Soco Esquivando-se

Este golpe pode ser executado da posição semivoltada para a frente, movendo-se diagonalmente ou para a frente ou para trás. A força provém do movimento do corpo e a técnica é especialmente eficaz para a combinação de um bloqueio-ataque.

Kizami-zuki — Estocada com o Punho da Frente

Sem mover a perna da frente, dê o soco estirando com força o braço dianteiro, usando os quadris e a perna de trás para ganhar força. Esta técnica pode ser decisiva, mas é usada com mais freqüência como uma tática diversiva a ser seguida por um bote, um soco inverso ou outro golpe final.

Ren-zuki — Socos Alternados Consecutivos

Este soco é dado alternando entre o punho esquerdo e o direito, usando-se ou do soco inverso ou de estocada (duas ou três vezes).

Dan-zuki *Socos Consecutivos em Diferentes Níveis*

Soque repetidamente com o mesmo punho, dobrando e estirando rapidamente o cotovelo.

Morote-zuki *Soco com as Duas Mãos*

Esta técnica envolve socos dados simultaneamente com ambos os punhos, ou paralelos um ao outro, ou um em cima do outro.

Gyaku-zuki Soco invertido

Oi-zuki Soco direto avançando em perseguição

Tipos de Socos

Tate-zuki Soco com o punho vertical

Age-zuki Soco ascendente

Ura-zuki Soco de perto; de baixo para cima

Age-zuki Soco Ascendente/Para Cima

Este é um soco dos quadris para cima, com o punho seguindo uma trajetória de meio círculo. Use a frente do punho, especialmente os nós dos dedos indicador e médio contra o rosto ou o queixo do oponente.

Ura-zuki Soco de Perto

Usando o punho frontal, soque diretamente para a frente, com a palma voltada para dentro ou para cima. Os alvos são o rosto, a parte intermediária ou lateral do corpo. Se os músculos não estiverem retesados, o soco não será eficiente.

Kagi-zuki   *Soco em Gancho*

O punho frontal é usado com o cotovelo totalmente dobrado. Os alvos laterais (plexo solar e lateral do corpo) são atacados em ângulo reto. Quando se avança para a frente e para o lado para dar esse soco, os músculos laterais tendem a relaxar. Preste especial atenção para mantê-los tensos.

Mawashi-zuki   *Soco em Círculo*

Ataque o rosto, o lado da cabeça ou do corpo; o punho frontal sobe do quadril num movimento de meio círculo. Como há uma forte tendência de o cotovelo se distanciar do corpo, tome cuidado para sincronizar o braço com o giro do quadril e roçar o cotovelo no corpo.

Awase-zuki   *Soco Duplo em Forma de U*

Ambos os punhos frontais são usados, soco direto (palma para baixo) no rosto, soco de perto (palma para cima) no abdômen. Soque simultaneamente, diretamente para cima, colocando em ação toda a força do seu corpo.

Yama-zuki   *Soco Duplo em Forma de U Amplo*

Numa posição semifrontal, abaixe o ombro dianteiro. Mantenha a cabeça a meio caminho entre os braços. Com o cotovelo levemente dobrado, o braço de cima segue um trajeto levemente curvo até o rosto. O braço de baixo segue um trajeto quase em linha reta até o abdômen, com o cotovelo numa posição que pode apoiar-se no quadril. Soque simultaneamente com a frente dos punhos, a palma da mão de cima voltada para baixo e a da mão de baixo voltada para cima.

Este é uma variante do soco em forma de U.

Heikō-zuki   Soco Paralelo Duplo

Este soco é dirigido contra a área intercostal abaixo dos mamilos. Usando a força do corpo, soque diretamente para a frente com ambos os nós dos dedos atingindo os alvos ao mesmo tempo.

Hasami-zuki   Soco-Tesoura Duplo

A partir dos quadris, os punhos, com os nós dos dedos para a frente, seguem um trajeto de meio círculo, para fora e depois para dentro. A eficácia se perderá se os cotovelos se afastarem demais do corpo. Soque ambos os lados do corpo do adversário simultaneamente.

Como Dar os Golpes
Técnicas de Golpes Indiretos

Ao socar, o cotovelo fica esticado e o antebraço estendido. Golpear com a mão envolve dobrar e estirar o cotovelo. Tendo o cotovelo como eixo, o antebraço move-se como se a pessoa estivesse traçando semicírculos, mas com rapidez e força, fazendo pleno uso da mobilidade do cotovelo.

Tanto o punho como a mão aberta são usados, como no golpe com o dorso do punho (*uraken-uchi*), no golpe com o punho-martelo (*kentsui uchi*), no golpe com a mão em espada (*shutō uchi*), etc.

O cotovelo também pode ser usado para golpear. O braço é totalmente dobrado e o cotovelo é dirigido para o alvo. Esta técnica é especialmente importante para a luta corpo a corpo, quando a liberdade de movimento dos braços, das pernas ou do corpo foi perdida, ou quando se é agarrado por trás.

O ponto importante do golpe é a mobilidade do braço. Não deve haver nenhuma resistência no joelho, e o punho ou os dedos da mão aberta devem estar contraídos. Dê o golpe numa ampla curva com o máximo de velocidade.

Uraken-uchi   **Golpe com o Dorso do Punho**
Kentsui-uchi   **Golpe com o Punho-martelo**

Usando a mobilidade do cotovelo, golpeie traçando um trajeto em forma de arco, ou horizontalmente ou verticalmente. Basicamente, usa-se este golpe para contra-atacar no rosto, no plexo solar ou no lado do corpo.

1. Use o cotovelo como se fosse uma mola. O punho tem que estar cerrado, e reduza ao máximo a força do cotovelo.

2. No golpe horizontal (*yoko mawashi-uchi*), o antebraço fica paralelo ao chão. No golpe vertical (*tate mawashi-uchi*), ele fica perpendicular ao chão.

3. É absolutamente necessário que o cotovelo aponte para a direção do alvo. Além da mobilidade, a eficácia depende de o trajeto do punho estar correto e o comprimento do arco atingir o seu máximo.

Uraken-uchi tatemawashi
Golpe vertical com o dorso do punho

Uraken-uchi yokomawashi
Golpe lateral com o dorso do punho em movimento circular

Kentsui-uchi
Golpe com o punho-martelo

Hiji-ate   *Golpe com o Cotovelo*

Os golpes com o cotovelo podem ser dados para a frente, para trás ou para os lados — para cima, para baixo ou voltando-se para o lado — quando o movimento do torso é limitado, você é agarrado por trás ou o adversário segurou o seu braço.

É óbvio que eles diferem dos golpes com a mão; eles devem ser considerados como *ate-waza*, isto é, técnicas de esmagamento. Eles também são conhecidos como *empi uchi* (golpes de cotovelo).

As seguintes observações são importantes:

1. Apesar de serem eficazes para o contra-ataque a pouca distância, é errado usá-los em alvos mais distantes.

2. Mantenha a parte superior do corpo ereta e use a rotatividade dos quadris. Se o torso estiver fora da linha perpendicular, o golpe pode não ser ineficaz, mas dará vantagem ao adversário.

3. Não manter o punho e o antebraço juntos do corpo enfraquecerá o golpe. Roce o braço no corpo quando ele se mover.

4. A eficácia e a força resultam da rotação do antebraço e da curva traçada pelo cotovelo.

Tate hiji-ate — Golpe com o cotovelo para cima

Mae hiji-ate — Golpe com o cotovelo para a frente

Yoko hiji-ate — Golpe com o cotovelo para o lado

Yoko mawashi hiji-ate.
Golpe lateral com o cotovelo em movimento circular

   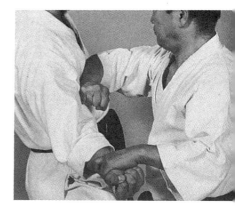

Mae Hiji-ate   **Golpe com o Cotovelo para a Frente**

Para um golpe com o cotovelo direito, o punho direito sai de junto do quadril direito para a altura do mamilo esquerdo, sempre tocando o corpo. O antebraço também deve ser mantido, o máximo possível, próximo do corpo.

Este golpe é para atacar o peito ou abdômen de um alvo frontal, especialmente se você foi agarrado pela frente.

Também é chamado de *mae empi-uchi*.

Yoko Hiji-ate   **Golpe com o Cotovelo para o Lado**

Mantendo o antebraço próximo do peito, de maneira a roçar nos mamilos, mova-o numa linha totalmente reta na direção do ataque. Use a força do corpo.

Este é um contra-ataque especialmente eficaz quando você é atacado pelo lado ou quando o adversário ataca de frente e depois passa para o lado. Os alvos são o tórax ou o lado do corpo.

Também é chamado de *yoko empi-uchi*.

Ushiro Hiji-ate — Golpe com o Cotovelo para Trás

Ataque diretamente para trás com o cotovelo, com força e determinação. É importante que o punho no momento do golpe toque o lado do corpo.

Os alvos são o peito ou a parte intermediária do corpo do oponente, particularmente quando ele tenta agarrá-lo por trás.

Também é chamado de *ushiro empi-uchi*.

Yoko Mawashi Hiji-ate — Golpe Circular com o Cotovelo para o Lado

Este é um contra-ataque efetuado depois que a pessoa se livrou de um ataque frontal. Para um ataque com o cotovelo direito, o punho direito é colocado na altura do mamilo direito; golpeie com força, coordenando o cotovelo com o giro dos quadris e o movimento do corpo para a frente.

Os alvos são o lado do rosto ou o tórax.

Também é chamado de *yoko mawashi empi-uchi*.

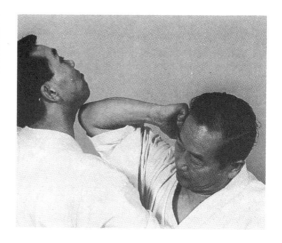

Tate Hiji-ate   *Golpe com o Cotovelo para Cima*

Para ser eficiente, o antebraço tem que ser mantido junto do corpo quando é erguido numa posição vertical e, como a parte superior do corpo tende a girar, é preciso tomar cuidado para girar os quadris num plano paralelo ao chão, mantendo o torso perpendicular ao mesmo.

Bloqueando um ataque frontal enquanto dá um passo adiante, contra-ataque no queixo ou abdômen.

Este golpe também é chamado de *tate empi-uchi*.

Otoshi Hiji-ate — *Golpe com o Cotovelo para Baixo*

Imediatamente depois de o oponente ser arremetido ou empurrado para baixo, golpeie de cima, não com o cotovelo, mas com a força de todo o corpo. O antebraço tem que ser mantido vertical quando os quadris são abaixados, e deve-se prestar atenção na estabilidade da parte inferior do corpo.

Contra-ataque diretamente para baixo, golpeando o rosto, a parte de trás da cabeça ou o tronco.

Este golpe também é chamado de *otoshi empi-uchi*.

Haitō-uchi Golpe com o dorso da mão em espada

Shutō Uchi   *Golpe com a Mão em Espada*

Como no golpe com o dorso do punho, a mobilidade do cotovelo e o giro dos quadris e do antebraço são pontos essenciais.

Gire completamente o antebraço, de maneira que a palma da mão chegue ao rosto na direção oposta no momento do golpe.

Os ataques podem ser efetuados ou de dentro para fora ou de fora para dentro. Quando de dentro para fora, gire os quadris na direção oposta do golpe; quando de fora para dentro, gire os quadris na mesma direção. Gire os quadris sempre rapidamente.

Os alvos principais são as têmporas, a artéria carótida e os lados do corpo.

A mão em espada também pode ser usada nesta técnica de golpe.

Uchi mawashi-uchi
Golpe circular, de dentro para fora

Soto mawashi-uchi
Golpe circular, de fora para dentro

TÉCNICAS DE PÉS E PERNAS

O chute é tão importante no karatê quanto as técnicas que fazem uso das mãos; na verdade, o chute é mais potente do que o soco.

O bom equilíbrio é de importância fundamental, não só porque todo o peso do corpo é suportado por uma perna, mas também por causa do contrachoque do impacto. Ter a sola do pé que dá suporte completa e firmemente plantada no chão e tensão suficiente no tornozelo são absolutamente essenciais para a manutenção do equilíbrio.

Ao chutar, a pessoa deve ter a sensação de que está colocando todo o corpo no chute. Use plenamente os quadris, mas recue a perna que dá o chute rapidamente e assuma a posição para a técnica seguinte. De outra maneira, o adversário pode conseguir enganchar ou agarrar-lhe a perna.

O comprimento do arco traçado pelo pé, a velocidade e a força móvel do joelho determinam a potência do chute. De particular importância é a força muscular usada para estirar o joelho.

Para dominar a técnica do chute, a pessoa tem de compreender os fatores essenciais e continuar praticando sistematicamente.

1. *Flexionar o joelho*. Erga a perna que vai dar o chute para o alto, com o joelho totalmente flexionado, e passando o peso da perna para os quadris. O domínio deste movimento, que deve ser feito com rapidez e leveza, é importante para um chute potente e certeiro.

2. *Ataque, flexionando e estirando o joelho*. Há duas maneiras de chutar: 1. usando a força do impacto do joelho que é estirado bruscamente; e 2. estirando o joelho com força.

No chute rápido, depois de o joelho ter sido levantado, a rótula torna-se o centro de um movimento semicircular. A velocidade é essencial; sem ela, o chute não consegue ser certeiro e perde-se o equilíbrio.

No chute de estocada (*kekomi*), o joelho, na posição elevada, fica forçosamente estirado, chutando para a frente, diagonalmente para a frente e para baixo, para o lado, ou diagonalmente para o lado e para baixo.

3. *A mobilidade dos quadris e do tornozelo*. Em qualquer tipo, a força da perna sozinha não é suficiente. A ela, é preciso acrescentar a mobilidade dos quadris e do joelho. Para esse propósito, os tornozelos precisam, obviamente, ser fortalecidos por um treinamento prolongado.

Mae keage — Chute rápido ascendente para a frente

Mae kekomi — Chute de estocada para a frente

Mae-geri   *Chute Frontal*

Este pode ser ou um chute rápido ou um chute frontal direto. A face, o peito, o abdômen ou a virilha do adversário são atacados com a planta do pé, os dedos ou o dorso do pé.

Keage   *Chute Ascendente Rápido*

Flexionando completamente e levantando o joelho da perna dianteira ou da perna de apoio até o nível do tórax, chute com um potente movimento rápido. O pé faz o trajeto de um arco ascendente tendo a rótula como eixo. Depois de chutar, faça a perna voltar para seu lugar, junto à perna de apoio, tomando cuidado especial durante todo o tempo para manter eretos os quadris e a parte superior do corpo. A planta do pé comumente é usada, mas os dedos e o dorso do pé também podem ser usados.

Encare sempre o alvo em linha reta para atacar o rosto, o queixo, a virilha ou a coxa do oponente.

Kekomi   *Chute de Estocada*

Usando a planta ou o calcanhar do pé, estenda a perna forçando-a com o joelho erguido. A eficácia deste golpe resulta da manutenção da vértebra da região lombar voltada para a frente e do uso da força dos quadris. Esta técnica é boa para o chute inclinado para baixo. Os alvos são o plexo solar, a virilha, a coxa ou a perna do oponente.

Yoko keage Chute ascendente, de lado   *Yoko kekomi* Chute de estocada, de lado

Yoko-geri — Chute Lateral

Com a parte superior do corpo voltada para a frente, o pé em espada pode ser usado contra um alvo lateral. Pode ser um chute ascendente rápido ou um chute de estocada, dependendo da situação.

Keage — Chute Ascendente Rápido

Este é um contra-ataque a um ataque vindo de lado, mas a borda do pé tem que ser usada também para bloquear.

Chute com o calcanhar, usando a mobilidade do joelho que foi erguido até o nível do tórax. Lance o pé diretamente para cima num movimento semicircular de ida e volta ao ponto original. Dobre totalmente o tornozelo para cima. Para conseguir o suporte necessário da outra perna, dobre o tornozelo de maneira que a rótula do joelho fique diretamente acima dos dedos dos pés, e mantenha a perna firme.

Kekomi — Chute de Estocada

Chute no queixo, na axila, na lateral do corpo ou na virilha. É preciso que o trajeto do pé, tanto ao chutar quanto ao recuar, seja o mesmo. Usando o pé em espada, libere a força dos quadris, bem como a força da mobilidade do joelho, que está, obviamente, erguido o máximo possível. Quanto maior a distância percorrida pelo pé, mais potente é o chute.

Ele é dirigido contra o rosto, a parte intermediária do corpo, o peito, o lado do corpo ou a coxa de um adversário de lado.

Para um alvo próximo, há variantes do chute-estocada: *fumikiri* (chute cortante) e *fumikomi* (chute triturador).

Ushiro mawashi-geri
Chute circular para trás

Mawashi-geri   Chute Circular

Para ser eficaz, os quadris têm que ser girados com força e rapidez. Contra um alvo de frente ou levemente de lado, chute com a perna da frente ou com a de trás. Movimente a perna traçando um arco de fora para dentro, usando a mobilidade do joelho. O trajeto da perna deve ser quase paralelo ao chão.

A planta do pé, ou dorso do pé, é usado contra o rosto, o pescoço, o tórax ou o lado do corpo do adversário.

É também possível atacar o plexo solar ou o lado do corpo do oponente chutando de dentro para fora de um modo conhecido como *gyaku mawashi-geri* (chute circular inverso).

Ushiro-kekomi   *Chute de Estocada para Trás*

Voltado para a frente, dê um chute rápido ou um chute de estocada para trás, usando qualquer uma das pernas. Mirar o alvo, manter a estabilidade e não perder o equilíbrio ao acertar o chute é algo muito difícil, de maneira que a perna de apoio tem que estar bem plantada e firme.

Este chute é eficaz quando se está sendo agarrado ou atacado diretamente de trás. Os alvos são o rosto, o plexo solar, o abdômen, a virilha, a coxa ou a perna.

Outra maneira de chutar é traçando um arco de fora para dentro.

Nidan-geri Chute em dois níveis

Tobi-geri   *Chute Saltando*

Há diversas variantes desta potente técnica de chutar do alto de um salto.

Chutando com a perna de trás.

Saltando para cima com a perna de trás e chutando com a perna da frente.

Em combinação com o chute para a frente: dar um curto chute certeiro no nível médio com uma perna e, imediatamente, um grande chute no nível superior. Esse é chamado *nidan-geri* (chute em dois níveis).

Dar o chute-estocada para o lado e para baixo com o pé em espada no *tobi yoko-geri* (chute saltando de lado).

Nenhum desses chutes é fácil. Primeiro, é preciso dominar o chute frontal, o chute lateral e os chutes combinados. Quando chegar a hora de aprender o chute saltando, comece praticando com um salto de pouca altura e vá aumentando gradualmente a altura.

Tobi-geri Chute saltando

Tobi yoko-geri Chute de lado saltando

4
KATA

TIPOS DE KATA

Bloqueio, soco, golpe e chute — as técnicas fundamentais do karatê — são combinadas de uma maneira lógica nos *kata*, os exercícios formais. Desde os tempos antigos, os vários kata constituem o núcleo do karatê, tendo sido desenvolvidos e aperfeiçoados pelos antigos mestres através do treinamento e da experiência.

Os kata, cerca de cinqüenta dos quais chegaram até os dias de hoje, podem ser divididos *grosso modo* em dois grupos. De um lado, estão os que são aparentemente simples, mas também exibem grandeza, compostura e dignidade. Através da prática desse tipo de kata, o karateka pode desenvolver seu físico, fortalecer seus ossos e forjar músculos vigorosos.

O outro grupo é sugerido pelo vôo da andorinha e é apropriado para a aquisição de reflexos rápidos e de movimentos ágeis.

A execução de cada kata, isto é, os movimentos de perna, faz-se acompanhada de uma predeterminada linha de atuação (*embusen*). Apesar de a pessoa praticar sem um adversário visível, ela deve ter em mente a presença de inimigos vindos das quatro direções — ou das oito direções — e a possibilidade de mudar a linha de atuação.

Como os kata contêm todos os elementos essenciais para se exercitar todo o corpo, eles são ideais para esse propósito. Praticando sozinho ou em grupo, qualquer um pode seguir este Caminho, de acordo com seu nível de capacitação e independentemente da idade.

É através desses exercícios formais que o karateka pode aprender a arte da autodefesa, possibilitando-lhe enfrentar uma situação perigosa com naturalidade e desembaraço. Mas o grau de habilidade é o fator determinante.

As características dos kata são:

1. Para cada kata, o número de movimentos é fixado (vinte, quarenta, etc.). Eles têm de ser executados na ordem correta.

2. O primeiro movimento e o último movimento do kata têm de ser executados no mesmo ponto da linha de atuação. A linha de atuação tem formas variadas, dependendo do kata, como linha reta, na forma da letra T, da letra I, na forma de um asterisco (*) e assim por diante.

3. Há kata que precisam ser aprendidos e outros que são opcionais. Os primeiros são os cinco kata Heian e os três kata Tekki. Os últimos são: Bassai, Kankū, Empi, Hangetsu, Jitte, Gankaku e Jion. Outros kata são:

Meikyō, Chinte, Nijūshiho, Gojūshiho, Hyakuhachiho, Sanchin, Tenshō, Unsu, Sōchin e Seienchin.

4. Para executar dinamicamente um kata, três regras devem ser lembradas e observadas: 1. o uso correto da força; 2. a velocidade do movimento, rápido ou lento; e 3. a expansão e contração do corpo. A beleza, a força e o ritmo do kata dependem desses três fatores.

5. No início e término do kata, a pessoa faz uma inclinação. Isso faz parte do kata. Ao fazer sucessivos exercícios de kata, incline-se no começo e ao terminar o último kata.

Heian 1

Neste kata, as técnicas são o bloqueio superior contra o ataque à cabeça e o bloqueio com a mão em espada contra o ataque ao meio do corpo (*chūdan shutō uke*). Como este é o primeiro kata a ser aprendido, é importante treiná-lo em movimentos com os pés e seguindo a linha de atuação. Em particular, objetive o domínio da posição frontal e dorsal, enquanto se familiariza com os aspectos essenciais do soco direto, de arremesso.

A linha de atuação é em forma de I, o número de movimentos é vinte e um e o tempo necessário é de cerca de quarenta segundos.

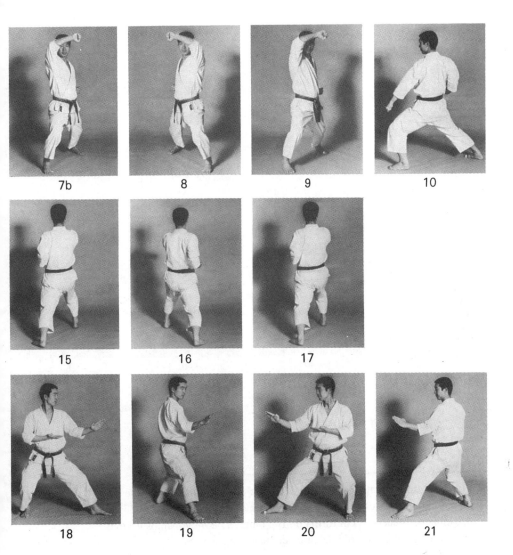

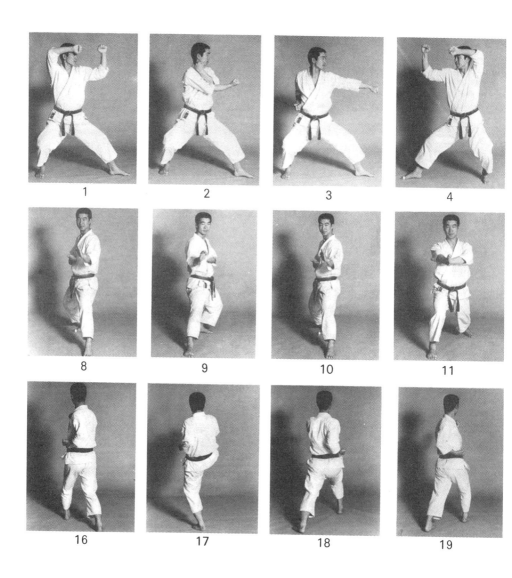

Heian 2

Este é o treinamento do chute lateral e do chute frontal. Mudar de direção ao executar um chute lateral é um ponto especial a ser aprendido.

A linha de atuação é em forma de I, o número de movimentos é vinte e seis e o tempo necessário é de cerca de quarenta segundos.

Heian 3

O domínio do bloqueio com o antebraço contra o ataque ao corpo é o principal objetivo. Com o cotovelo totalmente dobrado, aprenda a posicioná-lo cerca de uma mão de distância do corpo com segurança.

Bloqueio com o cotovelo e contra-ataque com um golpe de punho dorsal ou golpe com o cotovelo: a partir desse kata, a pessoa pode compreender o grande valor dessa técnica fundamental.

A linha de atuação é em forma de T, o número de movimentos é vinte e o tempo requerido é de cerca de quarenta segundos.

Heian 4

Várias técnicas de bloqueio e arremate podem ser aprendidas com esse kata; por exemplo, saltar levemente para a frente para um golpe semicircular vertical, com o dorso do punho, depois de ter realizado um chute frontal. Para fazer isso, é preciso que se tenha ótimo equilíbrio na posição de pés cruzados (*kōsa-dachi*).

A linha de atuação é em forma de I, mas com a linha vertical estendendo-se acima da linha horizontal superior. O número de movimentos é vinte e sete e o tempo requerido é de cerca de cinqüenta segundos.

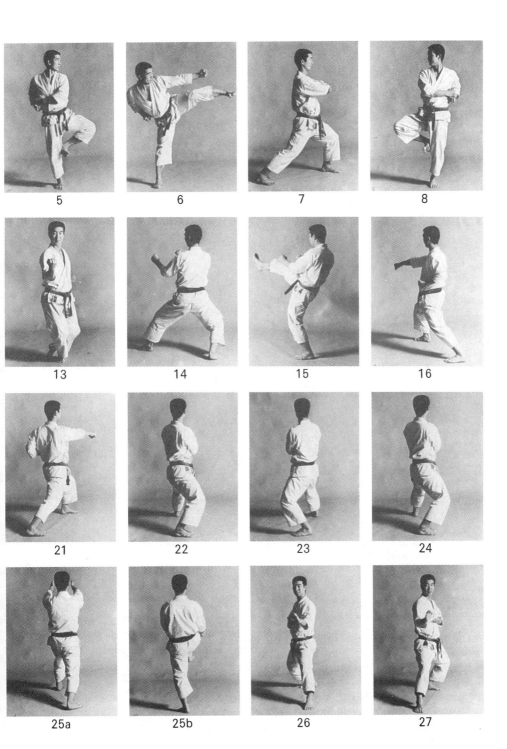

103

Heian 5

Neste kata, é usada uma postura especial do antebraço: a postura da água corrente (*mizu-nagare*). Este kata é usado para golpear. Não se esqueça de que antebraço e tórax devem ficar paralelos.

É importante dominar o equilíbrio, como ao assumir a postura de pernas cruzadas ao aterrissar de um salto.

A linha de atuação tem a forma de T, o número de movimentos é vinte e três e o tempo requerido é de cerca de cinqüenta segundos.

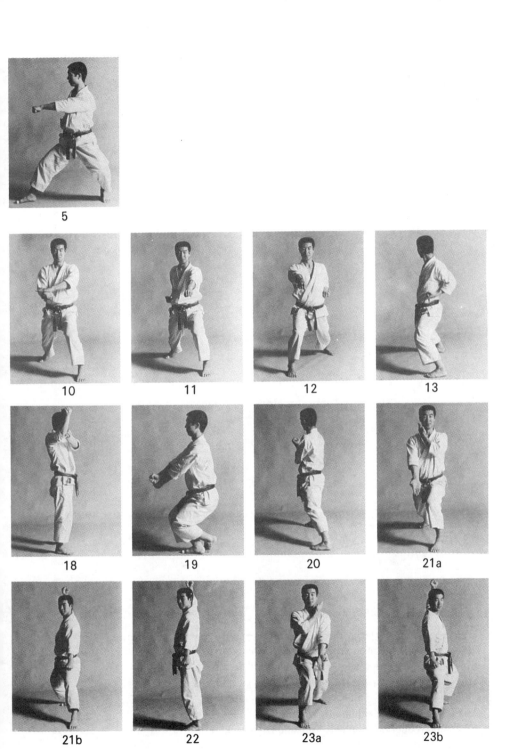

Tekki 1

A posição é a de quem monta a cavalo, e é importante que seja forte e estável. A atitude da pessoa também deve ser de determinação.

Para essas técnicas especiais de chute, como o chute "onda que retorna" (*nami-gaeshi*), os quadris precisam estar bem posicionados.

A linha de atuação é a linha reta, o número de movimentos é vinte e nove e o tempo requerido é de cerca de cinqüenta segundos.

Tekki 2   *Tekki 3*   *Bassai*

Tekki 2

Um bloqueio para baixo e para o lado pode ser muito fortalecido colocando-se a mão do outro braço contra o cotovelo do braço que bloqueia.

Faça uma distinção clara entre o bloqueio com agarro e o bloqueio com gancho.

A linha de atuação é uma linha reta, o número de movimentos é vinte e quatro e o tempo necessário é de cerca de cinqüenta segundos.

Tekki 3

Com este kata pode-se aprender os pontos-chaves do bloqueio contínuo de nível intermediário. Não importa quão rápido seja o desempenho, a posição deve ser de força e firmeza, como nos outros kata Tekki.

A linha de atuação é uma linha reta, o número de movimentos é trinta e seis e o tempo necessário é de cerca de cinqüenta segundos.

Bassai

Impetuosidade, espírito forte e força exuberante estão manifestos neste kata. É como se a pessoa estivesse conquistando a fortaleza de um inimigo. O karateka deve saber como transformar a desvantagem em vantagem. Bloqueios giratórios e o uso correto da força são maneiras possíveis.

A linha de atuação é em forma de T, o número de movimentos é quarenta e dois e o tempo necessário é de cerca de um minuto.

Kankū   *Jitte*   *Hangetsu*

Kankū

Imagine que está sendo cercado de inimigos por todos os lados. Técnicas rápidas e técnicas lentas, técnicas executadas com força ou suavidade, estiramento e contração do corpo, salto e agachamento — esses são os pontos deste kata.

A linha de atuação é em forma de I, mas com a linha vertical estendendo-se acima da linha horizontal superior. O número de movimentos é sessenta e cinco e o tempo requerido é de cerca de noventa segundos.

Jitte

Os movimentos neste kata são numerosos, ousados e firmes, e podem ser executados segurando um bastão. Ele é apropriado para o uso efetivo dos quadris e para bloquear um ataque com bastão.

A linha de atuação é em forma de cruz, o número de movimentos é vinte e quatro e o tempo necessário é de cerca de um minuto.

Hangetsu

Os movimentos para a frente e para trás, e os movimentos semicirculares dos braços e pernas, são coordenados com a respiração. Técnicas rápidas e lentas e deslizamento dos pés são pontos especiais a serem aprendidos.

A linha de atuação tem a forma de uma cruz, o número de movimentos é quarenta e um e o tempo requerido é de cerca de um minuto.

Empi

Gankaku

Jion

Empi

Como o vôo da andorinha, este kata tem posições altas e baixas, leves e facilmente executadas. É ótimo para praticar a rápida inversão das posições do corpo.

A linha de atuação tem a forma de T, o número de movimentos é trinta e sete e o tempo requerido é de cerca de um minuto.

Gankaku

Os movimentos deste kata lembram um grou apoiado sobre um pé em cima de uma rocha, pronto para lançar-se sobre sua presa. O equilíbrio sobre uma perna só, o chute lateral e o chute com o dorso do punho podem ser devidamente desenvolvidos pela prática deste kata.

A linha de atuação é uma linha reta, o número de movimentos é quarenta e dois e o tempo requerido é de cerca de um minuto.

Jion

Nos movimentos calmos, suaves e harmoniosos deste kata encontra-se um feroz espírito de luta. Ele é apropriado para a aprendizagem de pontos como o deslizamento dos pés, a mudança de posição e o giro.

A linha de atuação tem a forma de I, o número de movimentos é quarenta e sete e o tempo requerido é de aproximadamente um minuto.

5
KUMITE

TIPOS DE KUMITE

Kata e *kumite* são como as duas rodas de uma carroça. Os kata são praticados com a finalidade de aprender técnicas de ataque e defesa, e movimentos corporais; nesta forma de prática, o adversário existe apenas no olho da mente. No *kumite*, outro método de treinamento, dois homens se enfrentam e demonstram as técnicas. Conseqüentemente, este método pode ser considerado uma aplicação dos fundamentos aprendidos nos kata e pode ser considerado uma espécie de disputa.

Antigamente, em Okinawa, o karatê baseava-se quase que exclusivamente no kata. Raramente a força de um soco ou bloqueio era medida pelo que se chamava *kakedameshi*.

Depois de sua introdução no Japão, o karatê aos poucos foi se tornando popular entre os homens jovens e foi, inevitavelmente, influenciado pelas artes marciais japonesas. O kumite básico, que passou a ser praticado no final da década de 20, foi estudado e aprimorado, e o jiyū kumite (luta livre) foi desenvolvido. Hoje, o kumite é amplamente praticado como método de treinamento.

Como o kumite passou a existir somente devido à introdução do karatê no Japão, ele é um aspecto relativamente novo dessa arte de defesa pessoal. Assim, exatamente como os predecessores de antigamente assumiram a tarefa de aperfeiçoar o kata, é dever dos karatekas de hoje desenvolver o kumite e levá-lo ao mesmo alto nível do kata. Os três tipos de kumite são: kumite básico, ippon kumite e jiyū kumite.

O kumite básico é para cultivar as técnicas básicas, tendo em mente o nível de habilidade de cada estudante.

O ippon kumite é para desenvolver as técnicas de ataque e defesa, o treino dos movimentos corporais e o aprendizado do *maai* (distanciamento).

No jiyū kumite não há preordenação de técnicas. Os parceiros têm permissão para usar livremente suas capacidades físicas e mentais, mas o estudante tem de controlar rigorosamente seus socos, golpes e chutes. Na realidade, tocar no alvo é terminantemente proibido, de maneira que o soco tem de ser interrompido antes de atingir o ponto vital do oponente. O karateka bem treinado consegue fazer isso facilmente, independentemente do vigor com que a técnica é executada.

O jiyū kumite desperta grande interesse, talvez por ser realizado com absoluta seriedade. A pessoa inexperiente, entretanto, que é atraída apenas pelo conhecimento dos aspectos superficiais, acabará usando mecanicamente as pernas e os braços, e a disputa parecerá de galos de briga — ou totalmente livre. Quando isso acontece, a característica singular do karatê — destruir o adversário com um único soco vigoroso — desaparece. Além disso, é uma violação das regras do karatê-dō.

Sem o conhecimento do *maai*, do *kuzushi*, do *kake*, do *tsukuri* e de estratégia, o estudante não pode praticar o jiyū kumite. (Na verdade, há muito para se saber sobre eles, e o desenvolvimento do karatê, assim como o esforço presente, é tarefa para o futuro.) Tampouco ele deve praticar o jiyū kumite antes de dominar o kumite básico e o ippon kumite.

O kumite não é algo para ser praticado no lugar do kata, que constitui, como sempre foi, o mais importante e essencial dos treinamentos.

Nível superior

O atacante, à direita, avança e ataca cinco vezes seguidas. O bloqueador recua e bloqueia cinco vezes; depois, contra-ataca.

Gohon Kumite

Neste tipo de disputa, a precisão e a força dos golpes e bloqueios devem ser aprendidas, junto com o treino dos movimentos dos pés.

Há também o *sambon kumite*.

115

Nível intermediário

2

1

4

3

5

117

Nível inferior

1

2

3

4

5

1

2

3

4

5

Nível superior   Nível intermediário

Ippon Kumite Básico

O alvo é combinado de antemão e os parceiros, cada um por sua vez, atacam e se defendem. O objetivo é aprender a fazer uso das técnicas de ataque e defesa e entender o distanciamento. Esse pode ser chamado de kata básico da disputa.

Quando vem o ataque súbito, o bloqueio deve ser preciso e vigoroso. À medida que desenvolve sua habilidade, o bloqueador deve aprender a contra-atacar simultaneamente. Bloquear pode ser penoso, mas isso não deve servir de desculpa para envolver-se em disputas desordenadas, que podem causar ferimentos.

Chutando no kumite

Bloqueie o ataque contra o corpo e dê imediatamente um chute circular no pescoço.

Um ataque no pescoço. Avance e dê um chute no plexo solar.

Jiyū Ippon Kumite

Obter o senso de distanciamento, de bloqueio, ataque, movimentos do corpo, mudança do centro de gravidade e de disparo do golpe final são os objetivos deste kumite. Aqui, em grande variedade, pode-se demonstrar as variações das técnicas aplicadas num único kata.

Depois de ter anunciado a área geral do seu alvo um dos parceiros ataca subitamente e com muito vigor. O outro parceiro bloqueia e contra-ataca. Ambos podem demonstrar livremente todas as técnicas que conhecem.

Ambos têm de estar bem treinados e altamente habilitados, pois esta deverá parecer uma disputa real. Nenhum deles deve achar que tem uma segunda chance; o primeiro ataque, ou bloqueio, é decisivo.

Esse é o objetivo último do treinamento de karatê e o estágio preparatório para o jiyū kumite.

Jiyū Kumite

Embora nada seja predeterminado, e se espere que ambos os lutadores exibam sua força mental e física no nível máximo, atacar de fato é proibido. Os bloqueios, socos e chutes têm de ser detidos antes que atinjam o alvo, uma vez que as mãos e os pés de um karateka experimentado são extremamente perigosos e podem causar danos fatais. Apenas os extremamente bem-treinados são capazes disso.

Depois de um ataque à cabeça, contra-ataque com um chute de estocada lateral com o pé direito.

Um chute para cima. Bloqueie com um bloqueio em × para baixo.

Chute circular, bloqueio girando o braço esquerdo, soco de peito com o braço direito.

Chute circular dirigido à cabeça. Afaste a perna de apoio do oponente com um chute em estocada lateral.

Chute lateral contra um ataque ao rosto.

Chute lateral com a perna direita em defesa de um ataque ao corpo.

O adversário soca. Dê um chute circular no rosto.

Um chute frontal pode ser respondido com um chute em estocada lateral.

Bloqueie o ataque contra o rosto. Contra-ataque com um chute frontal.

Chute circular contra um chute circular. Quem é mais rápido?

Cidade do Cabo, África do Sul, 1975.

Montreal, Canadá, 1974.

6
KARATÊ-DŌ

HISTÓRIA

O *Tōde* foi demonstrado pela primeira vez publicamente, fora de Okinawa, em maio de 1922, na primeira Exibição Atlética Nacional, realizada em Tóquio sob o patrocínio do Ministério da Educação. O homem convidado para dar essa memorável demonstração foi o Mestre Gichin Funakoshi, que na ocasião era presidente da Okinawa Shobu Kai (sociedade para a promoção das artes marciais).

Tōde (também chamado simplesmente *Te*, que significa mão) era uma arte de defesa pessoal que há séculos estava sendo desenvolvida em Okinawa. Por causa do comércio e de outras relações entre Okinawa e a Dinastia Ming da China, é provável que ele tenha sido influenciado por técnicas chinesas de luta, mas não há registros escritos fornecendo uma idéia clara do desenvolvimento do *tōde*.

De acordo com versões lendárias, Okinawa foi unificada sob o reinado do rei Shōhashi de Chūzan em 1429 e, posteriormente, durante o reinado do rei Shōshin, foi publicado um decreto proibindo a prática das artes marciais. Sabe-se que uma ordem proibindo armas foi promulgada pelo clã Satsuma de Kagoshima, depois de ele ter adquirido o controle de Okinawa em 1609. O *tōde* tornou-se então um recurso último de autodefesa, mas como o clã Satsuma também reprimia severamente essa prática, ela só podia ser praticada em absoluto sigilo. Para os habitantes de Okinawa, não havia alternativa e eles a converteram numa arte mortal como a conhecemos hoje.

Nem sempre a família do karateka vinha a saber que ele praticava essa arte, situação que persistiu até 1905, quando a escola normal de Shuri e a Primeira Escola de Nível Médio Municipal adotou o karatê como disciplina oficial em educação física. Entretanto, sua força devastadora deve ter sido conhecida até certo ponto, uma vez que se referiam a ele em termos tais como *Reimyō Tōde*, que significa karatê miraculoso, e *Shimpi Tōde*, significando karatê misterioso. Que o próprio sigilo tenha influenciado muito o caráter da arte não pode ser desconsiderado.

O *tōde* passou a ser conhecido como karatê-jutsu e, depois, a partir de aproximadamente 1929, Gichin Funakoshi deu o passo revolucionário em defesa veemente de que o nome fosse mudado para Karatê-dō. Assim, o karatê foi transformado, tanto na forma quanto no conteúdo, de técnicas de origem okinawana em uma nova arte marcial japonesa.

130

Durante a década de 20 e início da década de 30, a arte de defesa pessoal tinha-se tornado cada vez mais popular entre pessoas de todas as classes sociais. Os estudantes, obviamente, tinham sido os mais entusiastas, mas havia também advogados, artistas, homens de negócios, judokas, kendokas e muitos outros. Essa foi a época do alvorecer do karatê moderno, e foram fundados sucessivos clubes na Universidade de Keio, na Universidade Imperial de Tóquio, de Shōka, de Takushoku, de Waseda, na Faculdade de Medicina de Nihon e em outras escolas na região de Tóquio. Em 1930, com a chegada de Mabuni e Miyagi, professores de Okinawa, fundaram-se clubes nas universidades de Ritsumeikan e Kansai, na região de Osaka. A popularidade entre as tendências intelectuais foi muito favorável ao karatê, porque ajudou na transformação do karatê miraculoso e misterioso numa arte marcial moderna e científica.

O nome não foi mudado facilmente. Semana após semana, apareciam artigos nos jornais de Okinawa, escritos por especialistas de Okinawa em artes marciais, querendo saber o *porquê* da mudança. Em seu estilo eloqüente, Funakoshi respondia, defendendo sua posição. Isso continuou por algum tempo.

Com a publicação de *Karatê-dō Kyōhan* (do Mestre Funakoshi) em 1935, o Karatê-dō, por assim dizer, tornou-se oficial. Dois anos depois, várias sociedades de karatê de Okinawa filiaram-se à Associação Japonesa de Artes Marciais e uma filial da associação foi fundada em Okinawa.

Lembro-me de ter visitado Funakoshi durante o período em que a controvérsia se acalorou e de ter lido os argumentos a favor e contra. O que me impressionou foi o grande entusiasmo e a antevisão desse mestre que estava tentando divulgar uma arte local por todo o país.

A mudança de nome não era a sua única preocupação. Muitos termos tinham pronúncia chinesa ou okinawana apenas. Ele mudou-os também, possibilitando que os adeptos os entendessem mais facilmente. O treinamento de métodos foi outra questão à qual ele dispensou sua desvelada atenção. Enquanto antes existia somente o kata, ele dividiu a prática em três tipos: fundamentos, kata e kumite.

Os jovens estudantes se reuniam em volta de Funakoshi e se dedicavam à prática do kumite com grande entusiasmo. O kumite evoluiu do kumite preordenado para o jiyū ippon kumite prático e, finalmente, para o jiyū kumite, onde, por assim dizer, nem o agarramento é proibido. O kata tinha se tornado extremamente aprimorado em Okinawa. Agora, a pesquisa do kumite tinha se desenvolvido consideravelmente, e podemos dizer que um novo aspecto do karatê havia surgido. Podemos ir além e afirmar que o karatê atualmente alcançou o ponto mais alto da perfeição.

A primeira Idade de Ouro do karatê, como tem sido chamada, ocorreu por volta de 1940, quando quase todas as importantes universidades do Japão tinham seus clubes de karatê. Nos primeiros anos do pós-guerra, ele sofreu um declínio, mas hoje, graças ao entusiasmo dos que defendem o karatê-dō, ele é praticado mais amplamente do que nunca, difundindo-se para muitos outros países no mundo inteiro, criando uma segunda Idade de Ouro.

Após a guerra, eram freqüentes as solicitações das Forças Aliadas estacionadas no Japão para assistir a exibições das artes marciais. Peritos em judô, kendô e karatê-dō formaram grupos que visitavam as bases militares duas ou três vezes por semana com a finalidade de demonstrar suas respectivas artes. Ainda me lembro do grande interesse dos membros das forças armadas pelo karatê, uma arte que estavam vendo pela primeira vez em suas vidas.

Em 1952, o Comando Aéreo Estratégico da Força Aérea dos Estados Unidos enviou um grupo de jovens oficiais e de oficiais subalternos ao Japão para estudar judô, aikidô e karatê-dō. O objetivo era treinar instrutores de educação física e, durante os três meses em que estiveram no Japão, eles seguiram um programa rígido, estudando e praticando intensivamente. Como líder dos homens que ensinavam karatê, considerei isso um grande passo adiante para o karatê-dō. Por mais de uma dezena de anos depois, dois ou três grupos continuaram indo ao Japão todos os anos.

Esse programa de treinamento foi altamente considerado e começaram a vir grupos de outros países, além dos Estados Unidos. Vários países também solicitaram que fossem enviados instrutores de karatê para que se pudesse treinar um maior número de instrutores. Essa, sem dúvida, foi uma influência que ajudou a tornar popular o karatê em todo o mundo.

O karatê é, como sempre foi, uma arte de defesa pessoal e uma forma saudável de exercícios físicos; mas, com o aumento de sua popularidade, cresceu muito o interesse pela realização de disputas, como aconteceu com o kendô e o judô. Na sua maioria, devido aos esforços dos entusiastas mais jovens, o Primeiro Campeonato de Karatê-dō de Todo o Japão foi realizado em outubro de 1957. Ele foi promovido pela Associação Japonesa de Karatê e, no mês seguinte, a Federação dos Estudantes de Karatê de Todo o Japão promoveu um campeonato diante de uma audiência de milhares de pessoas. Além de serem estes eventos memoráveis, esses dois campeonatos despertaram um interesse maior ainda pela arte em todo o país.

Hoje eles são realizados anualmente numa escala cada vez maior. E num grande número de países, competições semelhantes estão sendo realizadas. No topo de todos eles está o Campeonato Mundial de Karatê-dō. As competições e a disseminação do karatê no exterior são os progressos mais significativos dos anos posteriores à guerra.

COMPETIÇÕES

Competições de Kata

No kata, há duas maneiras de realizar a competição.

Uma é a competição vermelha e branca. Nela, os competidores são divididos em dois grupos e um membro de cada grupo executa o mesmo kata ao mesmo tempo. Depois da conclusão do kata, uma bandeira, vermelha ou branca, é ostentada para indicar o vencedor.

Na outra modalidade, são atribuídos pontos a cada desempenho, sendo o máximo dez pontos. O competidor com o maior número de pontos torna-se o vencedor.

Os principais aspectos levados em consideração no julgamento são a força e o espírito, mas também a moderação e os três pontos-chaves: uso correto da força, velocidade apropriada das técnicas e a expansão e a contração do corpo. São descontados pontos pelos erros cometidos na ordem dos movimentos e pela não-conclusão do kata no ponto da linha de atuação onde ele foi iniciado.

Não há nenhuma condescendência com os erros, por menores que sejam. Nem sempre a pessoa mais hábil em kata é a vencedora.

Competições de Kumite

Numa competição preliminar, o competidor é julgado como sendo o vencedor se ele vence um *ippon* no período de dois minutos.

Numa disputa final, ele tem de marcar três *ippon* em cinco minutos.

A regulagem do tempo de um golpe, soco, chute ou de outra técnica de arremate é um fator importante no julgamento. Quando um competidor não marcou um *ippon*, mas demonstrou por duas vezes a técnica (*waza-ari*), elas podem ser contadas como um *ippon*. Se nenhum competidor é claramente o vencedor, pode-se declarar um como sendo o vencedor por decisão, ou a competição pode ser declarada como um empate.

Se um competidor toca de fato em seu adversário, ele comete uma falta, uma vez que a responsabilidade é unicamente dele, e ele poderá perder a competição. Entretanto, se a falta for insignificante, ele poderá receber uma advertência do árbitro com uma dedução de pontos, mas terá permissão para prosseguir.

O treinamento intensivo, mental e físico, é o pré-requisito para a capacidade de controlar os próprios movimentos e essa, por sua vez, é a marca de competidor capaz. Exatamente como em outros esportes e artes marciais, a maneira de adquirir isso é pelo domínio das técnicas básicas.

MAKIWARA

A prática com o makiwara é a alma do karatê, e não deve ser dispensada nem por um único dia. Seu valor não está só no fortalecimento das partes do corpo usadas para atacar e bloquear, mas também no aprendizado da concentração da força de todo o corpo no punho na hora do impacto. É também um meio eficiente no aprendizado da distância ideal.

A elasticidade é a qualidade mais importante da madeira. O *hinoki* (cipreste japonês) é melhor, mas o *sugi* (cedro japonês) serve. Por causa de sua elasticidade e capacidade de absorção, a palha de arroz é usada para envolver a parte do tabuleiro que recebe o golpe. Borracha e esponja são substitutos possíveis.

A prática deve ser constante e diligente, e não precipitada, e o fortalecimento do corpo deve ser feito gradualmente. Golpear rápido demais ou sem a necessária concentração, ou ainda com freqüência excessiva pode resultar em deslocamento dos pulsos, bem como em rachaduras na pele.

Comece golpeando trinta vezes com o punho direito e trinta vezes com o punho esquerdo. Aumente o número de golpes gradualmente, até chegar a cento e cinqüenta e, depois, se for o caso, até trezentos.

Fortalecendo os Golpes

Empurre o punho com os nós dos dedos diretamente para fora, girando os quadris e usando ao máximo a mobilidade do cotovelo. Há um choque no momento do impacto e esse deve ser dominado. Para ser eficiente, o punho tem de estar tenso no momento do impacto. Se o braço for usado como uma vara, o golpe não será eficiente.

1. Na posição frontal, visualize o alvo como sendo de um punho de extensão atrás do makiwara. A distância é muito importante.

2. Não se incline para a frente. Estenda o cotovelo e empurre o punho bem para a frente, dobrando o makiwara para trás.

3. O cotovelo é levemente curvado para baixo quando o punho atinge plenamente o makiwara; nesse momento, use a mola do cotovelo e do ombro. O cotovelo fica reto. Quando o makiwara volta à sua posição original, coloque o punho levemente sobre a superfície e afaste o cotovelo até o quadril com o movimento natural do makiwara. Deve-se tomar cuidado para que o cotovelo não se afaste demais para o lado.

4. O cotovelo, não o ombro, deve absorver a força do makiwara no recuar. O golpe será totalmente ineficaz se o cotovelo ou os ombros estiverem tensos ou o corpo se inclinar, mesmo que levemente, para trás.

5. Pratique usando a rotatividade dos quadris na postura frontal. Depois, passe da postura imóvel para a postura dorsal e para a postura frontal, usando o movimento e rotatividade dos quadris.

Aumente gradualmente a velocidade dos golpes.

Como Fortalecer os Socos

O alvo deve ter um punho de extensão atrás do makiwara. O trajeto do soco deve ser o mais longo possível. É particularmente importante usar a força centrífuga.

1. Para socar com a mão em espada, com o dorso do punho ou com o cotovelo, volte-se para o makiwara diagonalmente ou de lado. As posições são a frontal, a dorsal e a de montar a cavalo.

2. Para o uso em bloqueios internos e externos, é preciso fortalecer tanto a frente como o dorso dos punhos.

PONTOS VITAIS

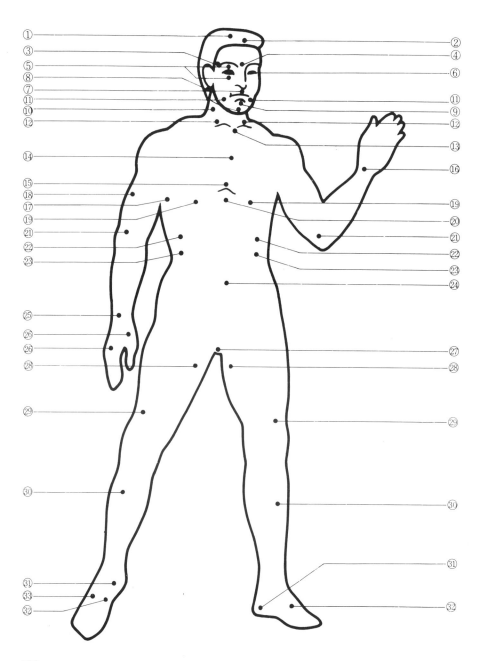

PARTE SUPERIOR

1. Sutura coronal
2. Fontanela frontal
3. Têmporas
4. Glabela
5. Órbita ocular
6. Globo ocular
7. Sutura intermaxilar
8. Atrás da orelha
9. Centro do maxilar inferior
10. Lado do pescoço
11. Mandíbula

PARTE INTERMEDIÁRIA

12. Fossa supraclavicular
13. Ponte supraesterno
14. Ângulo esterno
15. Processo xifóide
16. Lado interno do pulso
17. Quarto espaço intercostal
18. Dorso da parte superior do braço
19. Abaixo dos mamilos
20. Plexo solar
21. Lado interno do cotovelo
22. Sétimo espaço intercostal
23. Décimo primeiro espaço intercostal
24. Ponto abaixo do umbigo
25. Dorso do pulso
26. Dorso da mão

PARTE INFERIOR

27. Testículos
28. Região inguinal
29. Lado da coxa inferior
30. Fíbula
31. Maléolo médio
32. Dorso do pé
33. Lado externo do pé

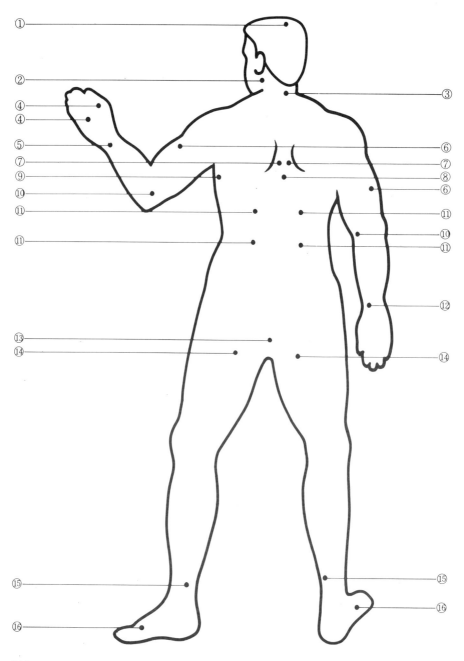

PARTE SUPERIOR

1. Sutura coronal
2. Atrás da orelha
3. Terceiro espaço intervertebral

PARTE INTERMEDIÁRIA

4. Dorso da mão
5. Dorso do pulso
6. Dorso da parte superior do braço
7. Costela escapular
8. Entre a quinta e a sexta vértebra torácica
9. Quarto espaço intercostal
10. Lado interno do cotovelo
11. Nona e décima primeira vértebra torácica
12. Lado interno do pulso

PARTE INFERIOR

13. Extremidade da coluna
14. Dobra do glúteo
15. Músculo *Soleus*
16. Lado externo do pé

GLOSSÁRIO

age-zuki: soco ascendente, 70
ashikubi kake-uke: bloqueio enganchando o tornozelo, 65
ate-waza: técnica de esmagamento, 77
awase-zuki: soco duplo em forma de U, 72

choku-zuki: soco direto no nível médio do corpo, 66
chūdan choku-zuki: soco direto no nível médio do tronco, 66
chūdan shutō uke: bloqueio com a mão em espada contra o ataque ao meio do corpo, 96
chūdan ude uke: bloqueio com o antebraço contra o ataque ao meio do corpo; *soto-uke*, de fora para dentro, 58; *uchi-uke*, de dentro para fora, 59

dan-zuki: socos consecutivos em diferentes níveis, 69

embusen: linha de atuação, 94
empi: cotovelo, 24
empi uchi: golpe com o cotovelo, 77
enshō: calcanhar que se move em semicírculo, 26

fudō-dachi: postura imóvel, 35
fumikiri: ação de romper algo, 87
fumikomi: ação de pisar fortemente, 87

gaiwan: lado externo do antebraço, 24
gedan barai: bloqueio de cima para baixo, 56
gedan choku-zuki: soco direto inferior, 66
gedan kake-uke: bloqueio por baixo em gancho, 65
gyaku mawashi-geri: chute semicircular inverso, 88

gyaku-zuki: soco invertido, 68

hachinoji-dachi: postura natural de espera — pernas afastadas, 29
haishu: dorso da mão, 20
haishu uke: bloqueio com o dorso da mão, 62
haisoku: dorso do pé, 26
haitō: dorso da mão em espada, 19
haiwan: lado superior do antebraço, dorso do braço, 24
haiwan nagashi-uke: bloqueio girando o dorso do braço, 62
hangetsu-dachi: postura da meia-lua, 34
hanmi: posição semivoltada para a frente, 30
hasami-zuki: soco-tesoura duplo, 73
heikō-dachi: postura de pés paralelos, 29
heikō-zuki: soco paralelo duplo, 73
heisoku-dachi: postura informal de atenção — pés unidos, 29
hiji: cotovelo, 24
hiji-ate: golpe com o cotovelo, 77
hiraken: punho semicerrado com os nós para a frente, 18
hizagashira: joelho, 27

ippon-ken: soco com um único nó do dedo, 17

jōdan age-uke: bloqueio superior contra o ataque à cabeça, 57
jōdan choku-zuki: soco direto superior, 66
jōsokutei: sola levantada, 25
jūji uke: bloqueio em ×, 64

kagi-zuki: soco em gancho, 71
kaishō: mão aberta, 15, 19
kakato: calcanhar, 26

kake shutō-uke: bloqueio em gancho com a mão em espada, 61

kakiwake-uke: bloqueio duplo com efeito separador, 64

kakutō: dorso do pulso dobrado, 23

kakutō-uke: bloqueio com o dorso do pulso dobrado, 63

keage: chute ascendente rápido, 86, 87

keitō: punho "cabeça de galo"— com a base do dedo polegar, 23

keitō uke: bloqueio com a base do dedo polegar, 63

kekomi: chute de estocada, 86, 87

ken: punho, 15

kentsui: punho-martelo, 17

kentsui-uchi: golpe com o punho-martelo, 74, 75

kentsui-uchi yokomawashi: golpe lateral com o punho-martelo em semicírculo, 76

kiba-dachi: postura do cavaleiro, 32

kime: arremate, finalização, concentração física e mental sobre um só ponto, num dado instante, 50

kizami-zuki: estocada com o punho da frente, 68

kōkutsu-dachi: postura recuada, 31

kōsa-dachi: posição de pés cruzados, 102

koshi: frente da planta do pé, 25

kumade: mão-de-urso, 22

mae empi-uchi: golpe com o cotovelo para a frente, 24, 78

mae-geri: chute frontal direto, 86

mae hiji-ate: golpe para a frente com o cotovelo, 78

mae-keage: chute ascendente rápido frontal, 86

mae kekomi: chute de estocada para a frente, 86

maeude deai-osae-uke: bloqueio pressionando o antebraço, 62

maeude hineri-uke: bloqueio girando o antebraço, 62

mawashi empi-uchi: golpe circular com o cotovelo, 24

mawashi-geri: chute circular, 88

mawashi-zuki: soco em círculo, 71

mizu-nagare: postura da água corrente do antebraço, 104

morote uke: bloqueio com os dois braços um apoiando o outro, 64

morote-zuki: soco com as duas mãos, 69

musubi-dachi: postura informal de atenção, dedos dos pés para fora, 29

nagashi-zuki: soco esquivando-se, 68

naiwan: lado interno do antebraço, 24

nakadaka-ippon-ken: punho com um único nó do dedo médio proeminente, 18

nakadaka-ken: punho com o nó do dedo médio, 18

nami-gaeshi: chute "onda retornando"; chute ascendente com a sola do pé, 106

neko-ashi-dachi: postura do gato, 35

nidan-geri: chute em dois níveis, 90

nihon nukite: mão ponta de lança com dois dedos, 20

nukite: mão ponta de lança, 20

oi-zuki: soco direto avançando em perseguição, 68

otoshi empi-uchi: golpe para baixo com o cotovelo, 24, 81

otoshi hiji-ate: golpe para baixo com o cotovelo, 81

otoshi-uke: bloqueio empurrando para baixo com o braço, 62

Reimyō Tōde: karatê miraculoso, 130

renoji-dachi: postura em L, 29

ren-zuki: socos alternados consecutivos, 68

ryōshō tsukami-uke: bloqueio agarrando com as duas mãos, 64

sanchin-dachi: postura da pequena meia-lua, 33

seiken: frente do punho, punho fundamental, 16

seiryūtō: golpe com a base da mão em espada, 21

seiryūtō uke: bloqueio com a base da mão em espada, 63

shiko-dachi: postura reta, base de sumō, 34

Shimpi Tōde: karatê misterioso, 130
shittsui: joelho-martelo, 27
shizen-tai: postura natural, 28
shō sukui-uke: bloqueio com a palma em forma de concha, 65
shubō: braço-bastão, 24
shutō: mão em espada, 19
shutō uchi: golpe com a mão em espada, 74, 82
shutō-uke: bloqueio com a mão em espada, 60
shutsui: mão-martelo, 17
shuwan: lado inferior do antebraço, 24
sokubō kake-uke: bloqueio enganchando o pé, 65
sokumen awase-uke: bloqueio combinado de lado, 64
sokutei mawashi-uke: bloqueio circular com a sola do pé, 65
sokutei osae-uke: bloqueio pressionando a sola, 65
sokutō: pé em espada, 25
sokutō oşae-uke: bloqueio pressionando com o pé em espada, 65
soto mawashi-uchi: golpe circular, de fora para dentro, 83
sukui-uke: bloqueio com a palma da mão em concha, 65

tate-empi-uchi: golpe para cima com o cotovelo, 24, 80
tate hiji-ate: golpe para cima com o cotovelo, 80
tate mawashi-uchi: golpe vertical, 75
tate shutō-uke: bloqueio vertical com a mão em espada, 61
tate-zuki: soco com o punho vertical, 70
Te: mão, 130
teiji-dachi: postura em T, 29
teishō: base da palma da mão, 21
teishō awase-uke: bloqueio duplo com a base da palma das mãos, 65
teishō uke: bloqueio com a base da palma da mão, 63
tekubi kake-uke: bloqueio enganchando o dorso do punho, 62
te nagashi-uke: bloqueio desviando com a mão, 62
te osae-uke: bloqueio pressionando a mão, 62

tettsui: martelo de ferro, 17
tobi-geri: chute saltando, 90
tobi yoko-geri: chute lateral saltando, 90
Tōde: karatê de Okinawa, 130
tsuki: soco, 16, 66
tsumasaki: pontas dos dedos dos pés, 27

uchi: golpear percutindo; golpe indireto, interior, 16, 66
uchi-hachinoji-dachi: postura natural, pés afastados e voltados para dentro, 29
uchi mawashi-uchi: golpe circular, de dentro para fora, 83
ude: braço, 24
uke: bloqueio, 54
uraken: dorso do punho, 16
uraken-uchi: golpe com o punho dorsal, 74, 75
ura-zuki: soco de perto, de baixo para cima, 70
ushiro empi-uchi: golpe para trás com o cotovelo, 24, 79
ushiro hiji-ate: golpe para trás com o cotovelo, 79
ushiro kekomi: chute de estocada para trás, 89

wantō: braço em espada, 24
washide: mão bico-de-águia, 22

yama-zuki: soco duplo em forma de U amplo (da montanha), 72
yoko empi-uchi: golpe lateral com o cotovelo, 78
yoko-geri: chute lateral, 87
yoko hiji-ate: golpe com o cotovelo para o lado, 78
yoko keage: chute ascendente lateral rápido percutente, 87
yoko kekomi: chute de estocada lateral, 87
yoko mawashi empi-uchi: golpe lateral com o cotovelo em círculo, 79
yoko mawashi hiji-ate: golpe lateral com o cotovelo em movimento circular, 79
yoko mawashi-uchi: golpe circular horizontal lateral, 75

zenkutsu-dachi: postura avançada para a frente, 30